# INDESTRUCTIBLE

*MALGRÉ TOUT, JE FONCE*

PATRICIA REBIRTH

# Table des matières


Avant-Propos     v

1. Les Casiers     1
2. Le Château d'une Cage Dorée     7
3. Poisson d'Avril     13
4. Les Yeux Dévoilés au Paradis     21
5. Fuyons ces Souffrances     45
6. De Retour à Montréal     57
7. L'Accouchement Mystérieux     79
8. C'Est Assez!     93
9. Libre comme un Oiseau     111
10. L'Amour Rend Faible     119
11. La Nouvelle Transition de ma Vie     131
12. Reconnexion     155

À Propos De l'Auteure     183

*Continue à sourire à la vie. Ce ne sont que des histoires du passé. Accroche-toi, ne t'inquiète pas. Dieu te tient par la main. Il t'a laissé des merveilles et bénédictions plus grandes que tu ne pourras l'imaginer. Tu as un rôle à jouer pour l'humanité. N'aie pas peur.*

*Il n'en a pas encore terminé avec toi. Malgré les combats et les souffrances, tu es indestructible; jusqu'au jour où tu auras accompli ta mission. Vas-y, fonce!*

# Chapitre 1

## *Les Casiers*

Le portrait de la famille parfaite du papa et de la maman n'existe pas. Je fais partie de ces personnes qui n'entrent pas dans ce moule. Malgré tous les combats auxquels ma mère a fait face, seule sans l'amour de sa vie; elle s'est fortifiée.

Aujourd'hui, je transpire sa force et son courage. Mais je n'ai pas toujours été celle-là. J'ai dû me battre comme un cheval au combat contre mes démons afin d'y arriver.

Mon père a perdu la vie à la suite d'une crise d'épilepsie à l'âge de 27 ans alors que ma mère était encore enceinte de moi. Elle n'avait alors que huit mois. Cette triste réalité l'a obligée à se préparer rapidement à cette nouvelle vie.

Tout débuta au Collège Français, une école privée dans les années 70. C'était l'année des hippies et le temps du *peace and love*. Maman les compte parmi les meilleures années de sa vie. Elle était une petite femme très réservée et timide. Elle avait le teint clair avec un corps athlétique à en couper le souffle. Elle était aussi très active et faisait des sprints aux activités parascolaires. Elle n'était pas très populaire, mais ça lui convenait, car se faire remarquer n'était pas ce qu'elle désirait. Élevée dans la bourgeoisie, cette femme avait beaucoup de principes, car elle avait grandi dans un foyer très strict.

Lorsqu'elle rentrait à la maison, elle avait sa routine de vie afin d'éviter d'être mêlée aux distractions. Elle suivait des cours de piano dans l'une des meilleures écoles de musique de Montréal, Vincent-d'Indy. Elle suivait également des cours de diction et de prière. Ma grand-mère lui avait interdit le créole afin qu'elle puisse bien maîtriser la langue française. Elle n'avait donc que très peu de temps pour se faire des amis.

Pendant les quatre premières années du collège, elle prenait le bus scolaire et fréquentait les mêmes amis. Luc, un ami de Paris; Claudine et Lise, du Québec.

Ce n'est qu'au cinquième secondaire et à l'âge de 16 ans qu'elle a commencé à utiliser le transport en commun. Elle y a rencontré d'autres élèves qu'elle ne connaissait pas.

Dans les années 70, il n'avait que très peu d'Haïtiens, alors ils se réunissaient dans les casiers, entre les cours pour discuter et mieux se connaître. Certains amis se voyaient rarement, car ils étaient dans des classes différentes. Ils ne prenaient pas le même chemin dans les transports en commun une fois les cours terminés.

Tout cela était nouveau pour maman, qui n'avait pas l'habitude de voir des groupes d'Haïtiens se tenir ensemble en communauté scolaire.

C'est à cette époque qu'elle rencontra mon père.

«Bonjour, es-tu nouvelle? C'est la première fois que je te vois.», s'exprima-t-il.

«Bonjour, non pas du tout, je suis ici depuis ma première année du secondaire, mais toi non plus je ne t'ai jamais vu dans mes cours ou le bus. C'est plutôt moi qui devrais te demander si tu es nouveau.»

Les deux, confus, éclatèrent de rire.

«Effectivement, tu m'as eu, je suis nouveau. J'étais dans une autre école.»

Ils devinrent, dès cet instant, de très bons amis. Sur l'heure du midi, ils avaient pris l'habitude de manger au Village Grec pour déguster le meilleur souvlaki de la ville. Après l'école, mon père l'accompagnait en chemin pour en apprendre le plus possible sur cette femme. Malgré sa gentillesse, maman avait trop peur de commencer une relation avec lui surtout s'il s'agissait de le ramener à la maison sans que sa mère s'en aperçoive.

Papa, déterminé à faire d'elle sa copine, respectait patiemment sa décision. Pendant ce temps, il continuait à l'inviter au restaurant le midi et à l'accompagner sur le chemin du retour après les cours. Au collège, ils étaient inséparables. Les gens adoraient les voir ensemble. Leur chimie pouvait incontestablement se faire ressentir.

Les mois passèrent et maman ne pouvant plus résister au

charme de papa, avait secrètement commencé à sortir avec lui. Ma grand-mère était encore plus stricte lorsqu'il s'agissait d'hommes et d'intimité.

Elle commençait à développer de forts sentiments. C'était une personne aimable et humble. Étranger ou membre de la famille, tout le monde adorait cet homme. Il dégageait une grande sagesse et une douce énergie partout où il allait. C'était une personne respectueuse et très appréciée à l'école pour sa gentillesse et sa convivialité.

On ne pouvait oublier son charisme charmeur qui ne passait jamais inaperçu. Il était toujours vêtu de tenues toutes confectionnées sur mesure par les grands tailleurs italiens de Montréal. Avec ses gros sabots et son afro, il avait une telle présence que le personnel des boutiques voulait l'embaucher sans même postuler.

C'était un homme grand, élancé, avec des lèvres roses et une peau lisse de caramel au chocolat, parfaite comme une pêche. J'ai hérité des mêmes traits physiques et de sa personnalité. Il était le plus jeune enfant d'une famille de sept frères et sœurs et était un jumeau fraternel. Bien sûr, ma grand-mère était bien la seule à ne pas tomber sous le charme de ce don Juan. Cette relation secrète n'a pas été si facile jusqu'au jour où ma grand-mère l'a surprise avec une conversation téléphonique au cours de laquelle maman dit à papa :

« J'espère que tu vas pouvoir me pardonner !»

« Ruth, à qui supplies-tu de te pardonner, hein? » , cria grand-mère.

Elle lui arracha le téléphone, et à l'autre bout se trouvait ma tante. C'est elle qui l'annonça à grand-mère. Par conséquent, grand-maman demanda à papa de le voir le plus tôt possible pour l'interroger.

Toutes les accusations et les mots qui pouvaient être utilisés pour insulter maman ont été déballés. Lorsqu'elle raccrocha, elle s'exclama:

« Ruth, pour tous les sacrifices que j'ai faits pour toi, l'argent, le temps, c'est ce que tu me rapportes. J'espère au moins qu'il en vaut la peine!»

Quelques jours après cet incident, mon père rencontra grand-maman. Ce n'était pas un interrogatoire, mais plutôt un procès au cours duquel il avoua; comme s'il avait commis un crime et avait besoin de rédemption.

Malgré cette rencontre, elle ne croyait pas à leur conte de fées. C'était une bourgeoise et pour elle, il n'était certainement pas à la hauteur. Mais, au fond d'elle-même, elle savait aussi qu'elle n'avait jamais connu ce grand amour tant espéré.

# Chapitre 2

## *Le Château d'une Cage Dorée*

La maison était incroyablement élégante; un style architectural italien de trois étages avec des meubles en velours baroque Louis XV recouverts de plastique pour éviter qu'ils ne soient rayés. Dans le salon principal, il y avait un piano à queue avec un sol en marbre où maman avait l'habitude de suivre des cours. Il y avait également une aide aux tâches ménagères pour qu'elle puisse se concentrer sur ses études, la prière, le piano et les cours de langue. Ce château était magnifique, mais avait également une atmosphère aussi froide que la vieille dame. Tout était réglé dans cette maison. Il n'y avait ni téléviseur ni téléphone dans le coin de sa chambre. Aucun secret ne pouvait donc lui être caché. C'était comme une base militaire. La seule activité autorisée hors programme était celle de l'Église Adventiste.

Ma grand-mère était une très belle femme d'une beauté

naturelle. Elle avait une taille finement courbée, souvent cachée par de longues jupes. Elle avait également des cheveux noirs très longs et épais qui descendaient jusqu'aux fesses; un teint foncé soulignant son doux nez et des petites lèvres héritées de ses ancêtres français.

Non seulement elle était d'un charisme et d'une beauté extraordinaires, mais grand-mère était aussi une femme très indépendante, ambitieuse, instruite et élégante . Son ambition lui a valu de nombreux succès. Ses collections authentiques de ses manteaux en fourrures et les voitures qu'elle changeait tous les huit mois démontraient son pouvoir de femme alpha. Sans oublier ses gouts de luxe pour la mode. D'ailleurs, Grand-maman possédait une boutique de mode en Haïti. Pendant ses temps libre, elle voyageaient dans la ville de New-York afin d'acheter des vêtements pour les revendre dans sa boutique en Haiti. Ses ambitions et ses rêves continuaient à propulser. Vers la fin des années 1950, elle décida de quitter Haiti avec ma maman, alors que maman n'avait que 3-4 ans, pour aller vivre aux états-unis. Elles s'installèrent à New-York, dans un quartier de Brooklyn. Elles ont habité quelques années. Mais ça ne lui suffisait pas donc elle fut une transition vers le Canada. Grand-maman s'en est bien sortie et posséda plusieurs immobilier à Montréal. Elle fait partie des premières femmes haïtiennes à immigrer au Canada vers le début des années 1960. De cette façon, elle a aidé de nombreuses personnes, dont ma mère, et leurs familles à immigrer aux États-Unis et au Canada. Malgré son cœur froid, il était grand. Cependant, les gens ne le remarquaient pas toujours.

Ma grand-mère était une femme terriblement froide, inaccessible et souriait rarement. Ses paroles pouvaient être très blessantes et offensantes. Elle n'était pas si facile à analyser. On pouvait voir qu'elle souffrait beaucoup et je pense que c'est la raison pour laquelle elle était toujours sur ses gardes.

Vers l'âge de six ans, maman vivait dans un pensionnat dans les Laurentides du Québec, lorsqu'elle a immigré au Canada. Tandis que ma grand-mère travaillait sur des documents de divorce et d'immigration au Canada. Elle louait aussi des chambres à de nouveaux arrivants, donc il y en avait plusieurs. Ma grand-mère était une femme avide d'argent et très douée pour rentrer de l'oseille. Cependant, avec tout le succès et le pouvoir féminin alpha que possédait cette grande dame, elle n'était pas satisfaite. Toute sa force motrice, à mon avis, provenait de l'amour qu'elle n'a malheureusement jamais eu.

Et c'est justement pour cela que la relation entre maman et papa lui était impossible. Sa peur de l'amour s'exprime de manière malsaine. En conséquence, la relation entre ma mère et ma grand-mère était de plus en plus tendue et compliquée. Maman était encore moins libre. Parfois, nos parents veulent nous protéger, mais ne savent pas comment le faire au mieux de peur que nous répétions les mêmes erreurs.

Vers l'âge de 17 ans, après avoir terminé ses études secondaires au Collège français, ma grand-maman décida d'envoyer maman étudier aux États-Unis dans le Michigan chez une famille de pasteurs protestants. Elle voulait qu'elle puisse obtenir un avenir meilleur, mais avant tout, la tenir éloignée de papa.

C'est ainsi qu'elle partit dans le Michigan. Sa popularité à l'école a rapidement augmenté, car elle parlait français et était étrangère. Un de ses amis était tombé amoureux, mais mon père demeurait l'homme de sa vie.

Maman parlait à papa tous les jours. C'était triste d'être loin de son âme sœur. Mon père possédait son cœur. Son amour était si important qu'un an plus tard, elle décida de revenir à Montréal sans en parler à sa mère. Elle savait pourtant que ce n'était pas la meilleure décision et qu'elle serait furieuse.

Lorsqu'elle revint à Montréal, grand-maman était très inquiète. Elle était surprise et maman pouvait sentir toute la colère que sa mère exprimait. Elle se tut et ne prononça plus aucun mot. Grand-mère garda ce silence pendant des mois.

C'était le grand retour dans ce château en cage dorée. Le grand froid de grand-mère pouvait se faire ressentir à nouveau. Ce furent quelques mois difficiles, mais maman a quand même pu retrouver son prince charmant. L'affection et la joie de l'amour de papa lui faisaient oublier le lourd fardeau de cette maison.

Jusqu'au jour où une grande surprise s'annonça. Maman et papa n'étaient plus seuls. Maman était tout à fait ravie de la nouvelle, mais craignait la réaction de sa mère.

«Je ne supporterai pas longtemps cette surprise. Le bébé grandit en moi. Parlons d'abord à René.», se dit-elle.

Maman annonce la nouvelle à papa. Il était heureux, mais en même temps inquiet. Elle était un peu déçue de sa réaction, mais n'était pas surprise. Ma grand-mère l'avait déjà interrogé, alors elle savait à quel point cela devait être stressant pour lui également. En fait, ce n'était pas seulement le problème de mon père. Il avait un grand secret que maman ignorait.

Papa n'aimait pas sa tristesse, alors il la calma.

«Sais-tu si nous avons un garçon ou une fille?», s'exclama-t-il.

Elle lui répondit d'un ton joyeux :

« C'est une fille que nous avons !»

«Eh bien, j'aimerais qu'on l'appelle Patricia, j'aime beaucoup ce prénom, notre fille sera toujours heureuse et souriante. »

« Super idée René !»

«Mais comment allons-nous l'annoncer à Rose?»

# Chapitre 3

## *Poisson d'Avril*

Le temps passait et je grandissais dans le ventre de maman.

« Oh, mon Dieu, comment suis-je censée annoncer ma grossesse ? Je dois trouver une solution.»

Elle décida alors de se réfugier chez une amie pendant un moment. Elle se souvenait des menaces de sa mère qui lui avait promis de lui sauter sur le ventre si elle avait le malheur de tomber enceinte. Imaginez devoir dormir sur quelques draps à même le sol d'une ancienne résidente qui vivait autrefois dans leur grenier. Pourtant, elle avait une chambre dans une gigantesque maison.

Quelques jours plus tard, son amie lui dit:

«Ruth, tu n'as pas le choix d'appeler ta mère, tu sais à quel point cette femme est très intelligente et va te retrouver, d'une minute à l'autre, après avoir fait le tour de tous les gens qui pourraient te connaître. Elle va s'inquiéter, tu dois briser la glace et l'appeler.»

Maman décida que c'était juste et qu'elle devait forcément l'appeler. À l'époque dans les années 80, il n'y avait pas d'afficheur, donc lorsque grand-mère entendit la voix de sa fille, elle répondit d'une voix inquiétante:

«Ruth, ça va faire des jours que tu n'es pas rentrée à la maison.»

«Bonjour, je suis désolée de t'avoir inquiétée, mais si je suis partie pendant plusieurs jours c'est parce que j'ai une annonce à te faire, je suis enceinte.»

Grand-maman lui raccrocha la ligne au nez et contacta directement la famille de papa. Non seulement elle annonça la grande nouvelle à l'un des grands frères, mais elle exigea qu'ils se marient sur le champ. Mon oncle n'était pas du tout content d'apprendre cette nouvelle; ma famille paternelle n'étant pas aussi fortunée que l'était grand-maman. Mon père était encore aux études.

«Madame, je suis désolé, mais mon petit frère est venu au Canada pour finir ses études», dit-il en clôturant la conversation.

Ma grand-mère fut extrêmement vexée:

«Comment ose-t-il me parler ainsi? J'avais avisé Ruth que ces gens-là n'étaient pas de son niveau. Ils sont trop petits à mes yeux pour avoir une femme comme ma fille. Après tous les sacrifices que j'ai faits, voilà ce que j'obtiens.»

Pendant ce temps, maman quitta la maison de son amie et

trouva un autre endroit où s'abriter. Elle avait peur de la réaction de ma grand-mère. Ce n'était pas facile pendant sa grossesse. Au domicile où elle se réfugiait, une femme, sachant très bien qu'elle portait un bébé, lui faisait garder ses enfants turbulents.

Fatiguée de toutes ces épreuves, elle décida de se louer un petit appartement en attendant que sa petite famille puisse enfin se sortir de cette impasse. Dans ce nouvel appartement, mon père venait la voir et passait la journée, mais ne restait jamais la nuit. Elle ne comprenait pas pourquoi. Il semblait avoir un secret de famille bien gardé, qu'il s'efforçait de ne pas dévoiler afin de ne pas l'effrayer ou de ne pas la stresser.

Lorsqu'il vivait en Haïti, mon papa tomba sous l'emprise d'une grave maladie qui poussa ses parents à consulter le plus rapidement possible un médecin. L'épilepsie était encore très mystérieuse et ses crises devenaient plus fréquentes. Ses frères et sœurs ne maîtrisaient pas encore les méthodes et leur seule manière de l'aider était de lui retenir les pieds et les jambes.

Quelques mois plus tard, les symptômes semblaient disparaître doucement, mais se sont déclenchés à nouveau pendant une soirée dansante au collège. Mon père, fumeur à l'époque, demanda une cigarette à un collégien. Celle-ci contenait malheureusement de la cocaïne sans qu'il ne le sache. Ses crises ont, à partir de ce moment, pris une tout autre tournure.

Il vivait avec son jumeau et l'un de ses frères aînés, il

n'était donc jamais seul à la maison quand il avait une crise. Après plusieurs mois de cohabitation, il y a eu une dispute entre son jumeau et son frère aîné, l'un d'eux décida de partir, car le respect n'était plus du tout présent.

Et un jour, juste avant la mort de papa, maman lui demanda de passer la nuit avec elle. Ce que bien sûr, il refusa, lui expliquant qu'il ne pouvait pas se trouver sans la présence de son frère jumeau toute une nuit. Ma mère, toujours aussi confuse, ne demandait jamais d'explications.

Les recommandations de son médecin étaient assez strictes. Papa ne devait pas trop se fatiguer afin d'éviter que les crises ne se déclenchent. Un soir, il eut envie, malgré tout, d'aller faire un tour à une fête collégienne au Cégep André-Laurendeau. Elle se termina et il rentra à la maison afin de ne pas être trop épuisé. Il avait également une dissertation de philosophie à rendre. Cependant, son frère jumeau lui demanda de lui tenir compagnie pour une autre fête. Mon père, ne pouvant lui refuser quoi que ce soit, décida de céder à sa demande, même s'il était sceptique face à cette idée. À leur retour, son frère devant aller travailler laissa mon père seul pour le reste de la journée. Papa, assez fatigué après sa petite escapade, décida de fermer les yeux un moment. Il était loin de se douter que cet instant serait son dernier. Mon oncle avait oublié sa clé et il était impossible pour lui d'entrer à l'intérieur de l'appartement afin de rejoindre son frère après sa journée au travail. Il appela mon père plusieurs fois, mais sans succès. Il demande alors au concierge de l'immeuble de lui ouvrir la porte. Quand il revint, il remarqua le manteau en cuir préféré de mon père qu'il portait la veille de la fête à la même place. Lorsqu'il entra dans la chambre de papa, il l'aperçut face contre l'oreiller.

«René tu ne m'as pas entendu sonner, ça va faire une trentaine de minutes que je t'appelle», lui dit-il en le secouant vivement dans le déni complet.

Toujours avec autant d'émotions, il téléphona à un autre de ses frères et lui dit:

«Je parle avec René et il ne me répond pas. » Mon oncle fut arrêté, car il était le premier témoin sur les lieux du cadavre de papa, mais relâché deux jours plus tard.

Au moment où je vous décris les événements suivant la mort subite de papa, je ressens ce poids à ma poitrine. Cependant, je peux sentir sa présence, et ce sentiment me donne le courage et l'énergie de faire vivre mon père à travers mon histoire que je vous raconte aujourd'hui après presque 40 ans. C'est une vraie bénédiction.

Oui, maman attendait toujours les nouvelles de mon père, ce que bien sûr elle ne pouvait obtenir. C'était un 1er avril. Elle croyait que c'était une de ses farces, car papa était un homme très blagueur. Quelques jours plus tard, grand-mère frappa à sa porte, Maman ne comprenait pas ce qu'elle venait faire ici. Elle avait huit mois de grossesse et il ne lui restait que quelques semaines avant d'accoucher. Ma grand-mère lui annonça alors qu'elle devait retourner à la maison, car son amoureux était à l'hôpital et elle ne voulait pas qu'elle reste seule à son petit appartement. Maman croyait encore à une blague de papa, alors elle resta sur ses gardes.

Arrivée chez grand-maman, on lui annonça que papa avait été victime d'une crise d'épilepsie pendant son sommeil et qu'il avait perdu la vie. Se disant que ce cauchemar était impossible, elle ne pouvait pas s'imaginer se retrouver dans l'atmosphère tendue de la maison familiale avec son petit ange.

Son conte de fées et son prince charmant, tous envolés en l'espace d'un instant. Le pire était alors arrivé. Élever un enfant sans père ne faisait pas du tout partie de ce qu'elle avait toujours imaginé. Le seul souvenir qu'elle pouvait maintenant garder à jamais était le joli prénom qu'il avait soigneusement choisi: Patricia.

Son exposition fut grandiose à Montréal. Ses collègues de travail et ses supérieurs étaient tous présents. Ses amis du collège, ses professeurs, la famille, tous étaient venus lui dire un dernier mot. L'un des anciens présidents d'Haïti a animé la cérémonie de l'enterrement de papa. Non seulement mon père était un homme très populaire, mais les gens l'adoraient, car c'était une personne exceptionnelle et remarquable. Jusqu'à aujourd'hui, 38 après son départ, les gens parlent encore de lui positivement.

Maman ne pouvait toujours pas croire à cette histoire et tenait fermement à aller à l'exposition malgré les conseils de sa mère l'encourageant à rester éloignée de cette grande douleur pour une femme enceinte presque à terme. Ma grand-mère s'inquiétait que toute cette émotion affecte sa santé et sa grossesse.

Dans ce cercueil, il n'avait plus l'air de son prince charmant. Elle était inconsolable et est repartie seule dans un taxi sans même dire un mot. Comment a-t-elle survécu? La réponse la plus simple que je puisse vous donner est qu'elle est une guerrière.

Il y avait une grande tension entre ma famille paternelle et grand-maman. Selon eux, le stress que grand-mère avait imposé à papa avait suffi pour l'achever. J'ose imaginer ce que papa a dû éprouver tout là-haut, profondément attristé par le fait de ne pas pouvoir être présent pour nous protéger.

# Chapitre 4

## *Les Yeux Dévoilés au Paradis*

MAMAN DEVAIT TENIR le coup encore quelques semaines afin de me mettre au monde. Elle dut subir une césarienne à la suite de certaines complications. Me voici, après quelques heures, j'étais enfin née. Le portrait craché de mon père, ils ont tous fait le saut. C'était un peu comme s'il n'était jamais parti et qu'il s'était réincarné en moi.

Les semaines qui suivirent furent extrêmement douloureuses pour maman. Après avoir enterré l'amour de sa vie; non seulement elle devait subir le travail de huit heures de souffrance atroce, mais elle devait également partager seule ce grand bonheur exceptionnel. Le deuil et le bonheur sont deux contradictions inimaginables. À 22 ans, maman vivait désormais une vie piégée dans les filets d'un cœur anéanti par la mort subite de son tendre amour et cette cicatrice sur le ventre lui rappelant que sa petite matrice ne pouvait pas suivre son processus naturel.

Ce moment devait être une journée de célébrations autour d'une naissance où les amis proches et la famille se réjouissent de ma présence, mais tout le monde autour de moi ne pouvait s'empêcher de penser à la disparition de papa. Pouvez-vous faire ce calcul? On ne pouvait pas s'attendre à ce que maman et la famille ne soient pas submergées par le chagrin après avoir réalisé que j'étais une copie parfaite de cet être tant aimé. Oui, c'était bel et bien comme s'il n'avait jamais quitté ce monde. Je suis venue apporter une joie de vivre sans même savoir ce qui s'était passé. Ma grand-mère me gâtait avec des sucreries, d'argent et de belles robes. J'ai également reçu beaucoup d'amour de maman. Je n'avais par contre pas réalisé l'ampleur de sa peur cachée derrière le manque d'affection de papa.

J'étais une petite fille joviale et très curieuse. J'avais beaucoup d'énergie et j'adorais faire le clown afin de faire rire les gens. J'avais les cheveux très longs et au primaire, les autres enfants prenaient un grand plaisir à me coiffer.

Maman avait horreur de ça. Souvent, à mon retour de la maison, je revenais avec une coiffure différente de ce qu'elle avait pris le temps de réaliser. J'étais une enfant têtue et très intelligente. Ces deux identités combinées ensemble étaient le chaos total pour maman. Je me rappelle même d'avoir mis le feu sur le plancher de ma chambre, pendant qu'elle faisait une courte sieste. Ce jour -là, j'ai voulu lisser les cheveux de ma Barbie. J'ai allumé le peigne en plastique pensant que celui-ci aurait le même effet que le métal qu'elle utilisait sur mes cheveux. Et oui, je me suis fait une belle petite brûlure sur la cuisse. À voir la réaction de maman, on aurait dit qu'elle était beaucoup plus choquée qu'en colère. Elle ne voulait que s'assurer que j'allais bien.

À l'école, j'étais une petite fille studieuse, mais très bavarde et ricaneuse. J'étais très populaire et maman m'emmenait souvent au dîner du McDonald's ou KFC. J'avais beaucoup d'amies et j'adorais taquiner les garçons. Je me souviens d'un particulier Alan, que maman dénonçait régulièrement à la direction, car je lui disais qu'il n'était pas gentil. Ce qu'elle ignorait, c'est que j'étais l'emmerdeuse, la très grande majorité du temps.

Aventurière depuis toujours, ce qui me plaisait le plus c'était les voyages. J'adorais sortir de ma zone de confort. Prendre l'avion était pour moi une façon de m'échapper des horreurs que je vivais. Vous vous demandez probablement à quel genre d'horreur une petite fille voudrait bien s'échapper. Mon jardin d'enfance était un si bel endroit où il faisait bon vivre pour l'enfant si joviale et heureuse que j'étais.

Je passais souvent mes fins de semaine chez ma famille paternelle. Maman croyait que ça leur faisait plaisir de recevoir la visite de leur progéniture de temps en temps. Parfois, ça me rendait triste, car je pouvais ressentir l'énergie des gens autour de moi. J'ai toujours été une hypersensible. Mes sens sont donc très développés.

Il leur arrivait même de pleurer en me regardant. Ils essayaient de le camoufler, car j'étais très curieuse et intelligente. Lorsque les gens pleuraient en me voyant, ils me racontaient des histoires du genre: «ta tante s'est cognée la tête, etc.», mais malgré mon jeune âge, je savais bien que tout n'était que des mensonges.

Le moment qui m'a le plus traumatisée est celui où j'ai rencontré ma grand-mère paternelle pour la première fois. Oh mon dieu! Vous savez, en tant que peuple si émotionnel , surtout dans ma famille, nous pouvons par moment avoir de fortes émotions.

À l'époque, ma grand-mère paternelle habitait avec sa fille, la grande sœur à papa qui vivait dans la ville d'Ottawa. Nous devions nous y rendre pour le baptême de ma cousine. Aussitôt que j'ai franchi la porte, ma grand-mère m'a vu et elle s'est mise à hurler comme si elle avait vu un fantôme.

Vous ne pouvez pas vous imaginer à quel point j'étais effrayée. J'ai eu du mal à comprendre ce spectacle. Habituellement, les grands-mères sont heureuses de voir leurs petits enfants. La ressemblance avec son fils était si frappante, qu'elle eut peine à contenir ses émotions. Le temps qu'elle retrouve son calme, ma tante décida de nous diriger vers la chambre des invités et je fis la rencontre de mes cousins et cousines.

J'étais tellement excitée de les voir et de jouer avec qu'eux, étant enfant unique, la scène a été très vite oubliée. Lorsque l'atmosphère s'est calmée, je pouvais enfin aller donner un gros câlin à ma grand-mère. J'ai pu ressentir ses palpitations cardiaques à travers ce geste de tendresse. Je crois au plus profond de mon cœur que cette femme a ressenti un soulagement en me prenant dans ses bras. C'était un si beau moment.

Quelques années plus tard, nous nous sommes revues à Montréal. L'atmosphère était beaucoup plus détendue. Nous avions eu de belles discussions.«Ma petite fille, lorsque tu seras grande, tu n'auras pas à te soucier de quoi que ce soit. Je t'ai laissé, ainsi qu'à tes plus grands oncles, des terres et ils auront une réunion avec toi afin de tout t'expliquer. Je te laisse également tous mes plus beaux bijoux. Lorsque je mourrai, ils seront tous à toi.»

À 10 ans, je ne comprenais pas trop ce qu'elle voulait dire. Elle a d'ailleurs essayé d'avoir cette discussion avec ma mère, mais ma tante s'est précipitée pour intervenir, comme si elle voulait éviter que maman et moi soyons au courant de nos biens familiaux. Maman n'est pas une femme qui s'attache au matériel et à l'argent. Elle avait grandi dans le luxe et l'argent. Elle n'était pas très impressionnée. Elle n'a donc pas du tout insisté.

Maman décida de célébrer mes six ans à Miami, chez la grande sœur de mon père. Elle aimait tant me faire des surprises. Mon bonheur la réjouissait. Elle voulait probablement me faire oublier ce manque du côté paternel.

Ce fut d'ailleurs mon premier voyage et l'un de mes plus beaux souvenirs d'enfance. Je me souviens encore de ce magnifique rayon de soleil perçant les nuages à travers le hublot. C'était extrêmement excitant pour moi, car je pensais m'envoler vers le monde céleste.

Lorsque nous sommes arrivées à Miami, l'odeur tropicale et la chaleur me réjouissaient. Tous ces gigantesques palmiers et ces arbres remplis de fruits étaient tout à fait exceptionnels. Ce bleu céruléen ainsi que ces flamants roses au bord des routes près des lacs; les paons se parant de leur plus beau plumage et les maisons aux couleurs abricot me donnaient vraiment l'impression d'être au paradis. Toutefois, était-ce vraiment le jardin d'Éden? Une chose est certaine, maman et moi aurions pu y rester à jamais. Et l'amoureux de maman ne me ferait plus vivre ces choses bizarres. Tout ceci était sans aucun doute des pensées spéciales pour une fillette de six ans.

Je crois bien que maman ne s'en est jamais remise du deuil de papa. C'est comme si sa vie s'était arrêtée et qu'elle ne se rendait même pas compte de sa souffrance. À la recherche d'un amour inconditionnel comme celui qu'elle avait vécu, quelques années plus tard, elle essayait de réparer sa vie amoureuse. Mais tout semblait ne pas être le conte de fées qu'elle croyait retrouver. Maman fit la rencontre d'un homme dans la quarantaine, très beau grand monsieur, il avait toujours des tailleurs de luxe. Je me rappelle que Raymond avait beaucoup d'argent. Je n'avais à l'époque que quatre ans.

Raymond venait nous rendre visite de plus en plus souvent. Il aimait m'apporter des sucreries. Au début, je le trouvais gentil. Vous comprendrez sûrement que les enfants à cet âge aiment tout le monde. En particulier en raison de ce vide paternel que je tâchais de combler; il était donc plus facile pour une fillette de s'attacher.

Quelques mois plus tard, il commença à dormir à la maison. Maman n'avait jamais l'habitude de me laisser seule avec les hommes, mais elle commençait à bâtir une certaine confiance en lui. Un après-midi d'été, j'avais le goût d'une bonne friandise glacée. Maman se rendit donc au dépanneur pour quelques minutes afin de m'en ramener.

Raymond s'approcha de moi, plaça un bol jaune à côté de lui, s'allongea par terre pour ensuite commencer à mettre son pénis à l'extérieur de son pantalon.

«Approche-toi, je veux voir si tu t'es bien essuyée quand tu es allée faire pipi, enlève ta culotte!», me dit-il.

Innocemment, j'enlevai ma petite culotte.

«Bravo Patoutou, maintenant on va jouer un peu, viens danser sur moi.»

C'est à se moment qu'il me poussa à frotter mon sexe contre le sien. Deux minutes passèrent et un liquide blanc épais translucide avec une odeur forte sortit de son pénis. Il se vida dans le bol jaune qui se trouvait encore à côté de lui pour ensuite faire disparaître le liquide en le transvidant dans les toilettes avant que maman n'arrive.

Et pour bien terminer, évidemment, ce monstre me demanda de garder ce terrible secret entre nous. En me disant que si maman l'apprenait, j'allais me faire gravement réprimander. Il fallait à tout prix que je ne dévoile rien.

Maman essayait constamment de me donner ce que je voulais avec de très grands efforts pour me plaire. Pourtant, cela a créé une opportunité pour son petit ami de se servir et de se faire plaisir. Ironiquement, après m'avoir abusée, il me récompensa avec de délicieux bonbons. Mais, ces belles distractions sont suivies de plaisirs temporaires.

Dans mon cœur de petite fille, je ne voyais pas le mal, jusqu'au jour où je subis de nouveau l'abus, vers l'âge de six ans, par un autre homme. Il s'appelait Martin. Cet homme était le fils de ma gardienne. Maman avait recommencé à travailler à l'hôpital comme infirmière auxiliaire. C'est probablement pour cette raison que je déteste ce métier. Maman travaillait très souvent, même la nuit. Elle était une nouvelle diplômée; elle avait donc les pires horaires. Oui, il s'agit bien là de l'esclave du système malheureusement.

Les amies ou certaines connaissances de maman me gardaient. Ils ne m'ont pas toujours bien traiter. Maman n'avait pas du tout un bon entourage. Certaines personnes étaient même jalouses. Elle avait grandi dans la bourgeoisie comme je vous l'ai déjà mentionné. Parfois, il est très important de s'entourer de gens qui nous ressemblent ou de côtoyer des gens qui nous poussent à apprendre de leurs expériences. Je crois que nous pourrons ainsi éviter, le plus possible du moins, de subir toutes ces mesquineries, ces désirs malsains, cette compétition et cette haine.

Si tu ressens la compétition malsaine dans ton entourage, fuis. Ne te soustrais pas au cirque de ce monde cruel. Je me souviendrai à jamais de ces coups de ceinture et de brosse en bois de ses fausses amies, tandis que maman ne m'avait jamais traité ainsi.

Revenons donc à Martin. Vous savez, le fils de l'une de mes gardiennes! Il me faisait du chantage alors que je n'étais encore qu'une gamine de 6 ans. Souvent, il m'enfermait pendant des heures dans un garage dans l'obscurité la plus totale et me forçait à lui faire une fellation sous peine d'y rester pendant toute la nuit.

Cet homme était très méchant et sans pitié. Je me souviens qu'il me prenait la tête et l'enfonçais contre son pénis au point de m'étouffer. L'odeur répugnante que je sentais au fond de ma gorge me traumatisait jusqu'à en pleurer. Cela me faisait extrêmement mal. C'est à ce moment-là que j'ai compris que ce que me faisait subir le copain de maman n'était pas bien.

Aujourd'hui, le souvenir de cette odeur répugnante me dégoûte encore parfois. Je suis allée me faire garder peut-être que deux ou trois fois dans cette maison. Un jour, par coïncidence, j'ai composé le 911. Je me demande encore si ce ne sont que des coïncidences ou mes anges gardiens envoyés par le père céleste. Puisque j'étais très jeune, je ne savais pas comment composer un numéro sur un téléphone *rétro* à tourniquet. Nous étions au début des années 90. La police a débarqué et ma gardienne était en état de choc.

«Madame nous avons eu un appel et nous voulons vérifier si tout est correct.»

Elle était une femme très âgée, donc lorsqu'elles font face à l'autorité, certaines personnes âgées paniquent.

«C'est la petite que je garde, qui jouait sûrement avec le téléphone», dit-elle d'une voix encore effrayée.

Ils repartirent, après un instant et aussitôt qu'ils eurent franchi le seuil de la porte, elle me fouetta avec une ceinture. Je reçus plus de 30 coups.

«Bon encore une étrangère qui me fait du mal!» Si ce n'était pas un homme qui me faisait subir le martyre avec ses abus sexuels, c'était les gardiennes qui me fouettaient violemment.

Pourquoi y a-t-il autant de méchanceté sur cette terre? Faut-il agir comme ça? Faut-il se foutre des autres? Ces horribles événements sont-ils des tests afin que j'apprenne la vie? Qu'ai-je donc bien pu faire pour mériter tout cela? Ce cauchemar s'est arrêté avec Martin, pour le moment, car cette gardienne ne prenait plus «soin» de moi. Le beau-père, l'autre monstre, était par contre toujours aussi présent dans ma vie.

Les abus devinrent plus répétitifs. C'est comme s'il ne pouvait plus s'empêcher de retenir ses pulsions. Parfois, nous sortions de la maison et au moment où nous étions tous assis dans sa voiture.

«Oups, Ruth j'ai oublié mon portefeuille dans la chambre, est-ce que tu peux aller le chercher s'il te plaît mon cœur?»

Pourtant, il avait bel et bien son portefeuille sur lui. Ceci n'était qu'une tactique pour lui accorder ce moment de plaisir. Je connaissais déjà la suite. Le temps que maman entre à la maison, il allait en profiter pour me forcer à mettre son engin dans ma bouche et de se dépêcher à faire ce qui le faisait jouir avant qu'elle ne le surprenne. Cette ordure la surveillait par son rétroviseur et me prenait la tête qu'il guidait vers lui en allongeant le reste de mes pieds sur la banquette afin de lui donner du temps pour me lancer en arrière au cas où elle arriverait trop vite.

Ce pervers avait d'autres choses dans son sac. Vous n'avez même pas idée!

Il me faisait faire des spectacles érotiques avec sa nièce. Nous avions sept ans. Je vous dirais que parmi ces affreux événements, un d'entre eux me marqua plus particulièrement. J'adorais aller à *La Ronde*. Les sensations fortes des manèges me permettaient de me défouler et d'oublier ces événements de ma vie. L'absence de papa en faisait partie. J'en avais tant besoin malgré la maman en or que Dieu prit la peine de m'accorder.

Jamais je n'aurais pensé que ce moment serait une scène digne d'un film d'horreur. C'était une belle journée ensoleillée à Montréal. Ma mère, cet homme, ses nièces, son neveu et moi avions envie de passer un bon moment en famille. J'étais contente de pouvoir passer du temps avec ses nièces, mais surtout avec l'une de ses plus jeunes, Chloé. Nous avions le même âge. Impatiemment, je les surveillai en regardant par la fenêtre de ma chambre pour les voir se stationner quelques minutes plus tard.

«Maman ils sont là!»

En criant toute excitée, je courus et traversai sans même regarder. Une auto s'arrêta brusquement devant moi. Ayant manqué de me faire frapper, J'étais très ébranlée. Lorsque je suis arrivée devant sa voiture, il s'écria:

«Tu es folle ou quoi, pourquoi tu as traversé la rue sans regarder, tu aurais pu mourir!»

C'est alors que d'un coup sec, il tendit la main et enfonça ses ongles profondément sur mon front. Ses nièces et son neveu se mirent à crier:«Raymond tu es fou, pourquoi tu as fait ça à Patou, elle avait juste hâte de nous voir!»

Tandis qu'un écoulement d'un rouge profond se mit à jaillir de mon front, j'aperçus maman arriver tranquillement. Elle ne comprenait pas pourquoi tout ce vacarme. Quand elle s'approcha de moi, c'était la panique totale. Elle avait déjà compris avant même que je ne lui révèle tout que c'était ce monstre qui m'avait blessée. Elle se mit à le frapper et lui dit:

«Ne te permets plus jamais de toucher à un cheveu de ma fille, sinon je vais te tuer!»

Pauvre maman, si elle savait tout ce que ce démon me faisait déjà subir depuis mes quatre ans. Nous avons tenté de la calmer et par la suite il s'est excusé, mais vous auriez dû voir le regard qui m'a alors jeté. Je ne pensais alors pas qu'il allait prendre sa vengeance.

Maman savait que je tenais vraiment à cette journée. Ils ont quand même décidé que nous irions afin de calmer les choses.

Lorsque nous sommes arrivés, tout allait pour le mieux. Je fis plusieurs manèges avec maman et les autres. C'était si amusant, j'étais heureuse. J'adorais tant le manège *Disco Ronde*. J'étais dans mon élément avec cette bonne musique disco des années 90: *"Show me love"* de Robin S. Bon, la fin du manège arriva. Frédérick, le neveu, voulait faire une autre activité de son âge et je ne pouvais pas participer. Ses sœurs et les autres ont décidé de partir avec lui, car elles avaient la taille minimale pour y accéder. Ils devaient par contre être accompagnés d'un adulte. Cet individu se plaignait d'être étourdi, alors maman accompagna ses nièces et son neveu. Nous étions maintenant seuls.

Aussitôt que maman partit, Raymond me prit par la main et me précipita vers un autre manège.

«Mais où on va, il faut attendre maman, je ne veux pas partir», lui dis-je, inquiète.

«Tais-toi et suis-moi, on va s'amuser un peu»

Nous montons dans la Grande Roue. Il n'y avait pas grand monde dans ce manège. Il y avait à peine cinq personnes. Au début, tout allait bien, tout allait très lentement. Il s'assit en face de moi et me fixa d'un regard vitreux avec ses grands yeux bruns et ses sourcils d'un noir profond. Je sentis qu'il était déconnecté de son corps. Plus le manège s'élevait, moins je me sentais en sécurité. J'étais complètement effrayée.

À une certaine distance du sol, les gens ne pouvaient plus du tout nous voir, alors Raymond commença à descendre la fermeture éclair de son pantalon et sortit de nouveau son pénis. Il commença à se masturber. Il me dit:

«Je suis désolé pour ce qui est arrivé ce matin. Je ne voulais pas te faire mal, mais je t'aime tellement. Je ne pourrai jamais supporter de te voir mourir. Pour te faire pardonner, touche-toi à l'intérieur d'un rythme rapide et dis-moi: je m'excuse papa.»

Je ne voulais pas prononcer ces mots. Malgré mon esprit d'enfant, je savais bien qu'il y a un truc qui ne fonctionnait pas dans ses demandes abusives. Mais j'avais vraiment peur des hauteurs et j'étais pétrifiée à l'idée qu'il me pousse en bas. J'ai vécu cette première expérience à l'âge de sept ans. Elle a duré trois minutes, mais j'avais l'impression que c'était une éternité.

Avant de retrouver maman, il m'acheta des sucreries et paya une dame à la foire de jeu pour un immense ours en peluche. Ce n'était pas trop loin du manège où maman se trouvait avec les autres. Je la vis au loin. Elle marchait là, d'un air un peu inquiet. Elle était sûrement là depuis quelques minutes.

Maman d'un ton colérique lui dit: «Les bonbons ne vont pas me faire oublier ce que tu lui as fait ce matin. Entends-tu? Tu dois m'aviser la prochaine fois avant de partir avec ma fille même si c'est juste à côté. Ça va Patou?»

J'aurais tant voulu lui dire, mais malheureusement la peur me paralysait. Je prétendis que tout allait bien. Un vrai malade, ce monsieur! Comment un homme pouvait-il prendre plaisir à se masturber devant une enfant quatre ans. C'est à ce moment que mes yeux se sont ouverts. J'avais fait la rencontre du mal. Le sexe n'était plus un secret ou un tabou pour moi. Tandis que ma mère, de son côté, essayait de me cacher ce monde.

Il y avait ces acteurs des feuilletons populaires *Top Modèles* et *Les Feux de l'Amour* qui s'embrasaient constamment. Elle me couvrait les yeux alors que j'avais fait l'expérience de bien plus qu'un simple baiser. Je savais déjà ce qu'était l'orgasme, depuis l'événement à *La Ronde*. J'avais déjà de fortes pulsions sexuelles et j'avais développé une dépendance à frotter mes parties intimes sur mes Barbies. J'essayais même d'écouter en cachette *Bleue Nuit*.

Je voulais souvent jouer au docteur ou au papa et la maman, lorsque je me faisais garder et lorsque je voyais un garçon. J'étais très excitée par les garçons plus âgés. J'étais maintenant éveillée et alerte à toutes mes pensées et pulsions sexuelles.

À l'école, je suis restée l'enfant populaire, sociable de nature joviale, très bavarde et ricaneuse. Les autres enfants me trouvaient parfois étrange. Ce sont ces traits de caractère qui me donnent la foi et l'espoir en l'humanité et le courage de croire que tous ces cauchemars disparaîtront. J'aimais faire le clown et faire rire les amis de maman et également les miens. Faire rire les autres contribuait à mon bonheur et j'aimais transférer cette énergie positive à travers toute une pièce. Je vivais pourtant un cauchemar d'enfance et je n'avais même pas eu une chance d'être protégée par un papa. J'étais à la merci des plus pervers de la société qui profitaient aussi d'une femme monoparentale vulnérable qui continuait à se battre pour avoir un meilleur avenir pour sa fillette. Et ce, malgré la perte de l'amour de sa vie qui est parti si subitement. J'ai alors réalisé que je devais me protéger seule contre cette société. La sécurité n'était qu'illusoire.

Je pouvais ressentir la douleur d'autres enfants victimes de ces situations. Pendant les événements festifs, comme les premières communions, les baptêmes et les anniversaires ayant lieu autrefois dans les sous-sols d'église; je me parlais discrètement. J'arrivais à reconnaître les pédophiles dans une pièce. Les vieux tontons qui attendaient de venir danser avec les enfants, leur façon de regarder et de te tenir nos mains. C'était malaisant et je comprenais que les petits pouvaient se sentir menacés. Je me disais:

« Est-ce que mon amie Momo vit la même chose lorsque sa maman part faire ses courses? Et Tamoumoune, a-elle déjà mis un pénis dans sa bouche elle aussi? Lui a-t-on dit de mettre un gros membre d'homme poilu avec une odeur forte au fond de sa gorge?»

Je me demandais si une fellation était un processus normal à mon âge. Je me disais que les fillettes devaient probablement passer par cette épreuve pour ainsi avoir une expérience humaine. Tout cela était peut-être ma faute après tout et je l'avais sûrement méritée. Dieu voulait probablement punir mon vilain comportement. Je comprenais aussi pourquoi les jeunes de l'école me trouvaient parfois bizarre. J'étais souvent lunatique. J'étais partie en voyage dans un monde lointain. J'étais si différente. Je n'étais alors pas encore consciente de mon mandat; celui de partager mon histoire.

En vieillissant, je prenais pleinement conscience de cette horreur. Ce crime que ces deux hommes ont commis sur la fillette que j'étais et ce vol d'innocence, qui voguait doucement à la recherche d'amour paternel, sont absolument inhumains.

Ce qui m'a réellement sauvée, c'est l'amour de maman. Cette femme se sacrifiait pour tout me donner afin que je ne puisse manquer de rien dans la vie.

Elle m'achetait les plus belles robes et souliers dans les boutiques en me parant des plus beaux bijoux en or. Elle m'amenait au salon de coiffure pour me pouponner, car j'avais de très longs cheveux épais. Elle s'assurait toujours qu'ils restent beaux et en santé. Je me souviens encore que nous allions dans les grands restaurants. Nous voyagions partout à travers les États-Unis.

Les dîners chez McDonald's sur l'heure de mon dîner à l'école étaient mes moments favoris. Pendant mes pauses de récréation, elle savait à quel point j'adorais les croissants français de cette pâtisserie nommée *Pâtisserie Bélair*. Je conserve toujours ce souvenir, c'est complètement fou. Comment annoncer à cette femme ce qui était arrivé à la prunelle de ses yeux? Elle va probablement penser qu'elle a échoué sa mission. Je ne voulais pas qu'elle ressente que son rôle de mère célibataire était complètement détruit. Je voulais qu'elle ne puisse ressentir aucune culpabilité, car je savais très bien que si maman avait le moindre de doute de ces abus sexuels, elle serait prête à tuer ces monstres. Lorsque Raymond avait osé me blesser avec ses ongles, elle l'avait menacé et j'avais peur de ce qu'il pouvait arriver.

Je croyais pouvoir protéger maman. S'il lui arrivait un truc grave, je risque de la perdre également. Je deviendrais orpheline. Il vaut mieux attendre et continuer de subir ces choses étranges et mauvaises.

Ce ne fut pas évident de me débarrasser de ce déchet. Enfin, le monstre partit. Il pensait avoir une emprise sur maman. Elle était très stressée. Elle changea de numéro, car il refusait la séparation. «Mais il a commencé à perdre la boule ce mec!» C'est ce que maman croyait en tout cas. Il la surveillait et se stationnait à quelques pâtés de maisons. Maman sortait ses griffes de lionne. Dans ses relations avec cet homme, elle savait tenir son bout fermement. Elle prit son courage à deux mains pour lui faire comprendre que c'était terminé et que s'il insistait, elle n'hésiterait pas à communiquer avec la police. C'est à ce moment qu'il décida d'accepter sa décision.

C'était enfin terminé. Il n'était plus là depuis plusieurs mois maintenant. À l'âge de 12 ans, pour la première fois de ma vie, j'ai ressenti une paix intérieure et une exquise liberté. Mon papa céleste avait enfin écouté mes prières. J'étais maintenant prête à annoncer à maman ce que j'avais subi pendant plusieurs années.

«Manmie, j'ai quelque chose à te dire, mais je suis gênée et j'ai honte. Mais il faut que ça sorte de ma poitrine, car ça me fait mal. J'ai été victime de ces horribles choses avec Raymond depuis la fois où tu es allée chercher le lait et mes bonbons préférés au dépanneur.»

Maman s'écroula en larmes. Je ressentis toute sa douleur et sa culpabilité. Et oui, un autre épisode de ses cauchemars se rajoute à son parcours de vie. Ça n'a pas été évident pour nous deux.

Maman était devenue plus protectrice qu'avant. Elle ne faisait plus beaucoup autant d'heures au travail. Je consultais une psychologue pour une heure de temps afin de m'évaluer suite à mes abus sexuels. Ça ne me faisait rien du tout à cette époque. La psy me montrait des images et me demandait à quoi certaines formes me faisaient penser. Je trouvais que c'était une perte de temps absurde. Quel était le lien entre mes abus sexuels et toutes ces images sur ces bouts de carton? Mais vraiment!

Maman a par la suite mis au courant ma famille paternelle. L'un de mes oncles a été sur le choc. D'ailleurs celui-ci m'ignorait complètement. C'était comme si je n'existais pas. Il offrait de merveilleux cadeaux à mes cousins et cousines devant moi sans m'en offrir un seul. Vous pouvez probablement vous imaginer la douleur que je pouvais ressentir à mon âge lorsque je les voyais ouvrir leurs cadeaux devant moi. Et cela, sans même parler de ce que je subissais déjà. Probablement, pour lui, mon existence était la cause de la mort de mon père. Comme je vous disais, je passais souvent les fins de semaine chez ma tante qui vivait dans la ville d'Ottawa ou chez mes oncles. Cet oncle, en question, était venu nous rendre visite un jour à Ottawa et ma tante lui avait demandé de me ramener chez moi. C'était la première fois qu'il m'adressait la parole. Avant de partir, il m'a même serré très fort dans ses bras et il a versé des larmes. C'était probablement les remords de ne pas avoir joué le rôle de l'oncle protecteur de la fille de son petit frère adoré. Mon père était toujours disponible pour faire des activités avec ses fils. Il était d'ailleurs présent pour toute sa famille.

Tous mes sentiments refoulés ont commencé à avoir un impact dans ma vie d'adolescente. La fin de ma sixième année à l'école Montrose fut très douloureuse. Nous étions comme une famille, mes amies et moi. Je les connaissais depuis la maternelle. Je n'avais pas envie de me séparer d'elles, mais ça faisait partie de la vie. C'était le temps du nouveau départ: le secondaire. J'avais quelques amies qui allaient à l'Académie Dunton, mais ce n'était pas une école privée et je sais maman voulait absolument me tenir éloignée de l'école publique. Elle croyait que l'éducation y était bien meilleure au privé.

Elle m'a donc inscrite dans trois écoles privées. Or, pour être admise, je devais faire des examens et avoir une note de passage afin d'être acceptée. Bien entendu, dans ma rébellion, je me sus arrangée pour échouer tous mes examens afin de lui donner le coup de pouce dont elle avait besoin pour m'inscrire à l'Académie Dunton. Elle savait que c'était mon plan. Maman, reconnaissant bien mon talent en ce qui concerne la réussite des examens, savait que mes échecs n'étaient pas un hasard.

«Tu m'as faire perdre de l'argent pour tes demandes d'admission. Tu savais très bien ce que tu faisais Patricia. C'est ça que tu veux, suivre les amis. Tu verras bien si ce sera toujours la bonne décision. C'est bon! Alors, je vais t'inscrire à cette école. Ce qui m'a convaincue est l'uniforme et ce n'est pas trop loin de la maison.»

J'étais très fière de ce coup de génie et aussi très excitée. J'allais même me faire de nouveaux amis.

J'étais celle qui connaissait presque tout le monde, mais je n'avais pas de clan particulier. J'avais mes deux mousquetaires en qui j'avais une totale confiance. J'avais foi en très peu de gens. Certaines personnes me trouvaient sympathique, mais on n'arrivait pas trop trop à me comprendre. À l'exception de mes meilleures amies. Elles m'appelaient la «fofolle», mais bizarrement, je trouvais qu'on se complétait et nous avions des attitudes similaires. Je les trouvais aussi folles que moi. Elles étaient passées à travers toutes sortes d'épreuves également.

Cette école avait vraiment une belle ambiance. Les professeurs se souciaient des étudiants. Ils visaient la réussite de leurs élèves à tout prix. Les activités parascolaires donnaient une motivation aux jeunes. Parfois, ils organisaient des soirées de ouf avec le d.j. *Mister V*. La majorité des étudiants venaient de familles immigrantes. Donc nos repas à la cafétéria avaient lieu dans la diversité. L'une de mes plus belles époques du secondaire.

Vers la fin de mon deuxième secondaire, maman décida de quitter Montréal. Elle voulait probablement fuir tous ses mauvais souvenirs afin de recommencer à zéro. Mais même si nous partions à l'autre bout de la terre, cela n'empêchait pas ces traumas de nous coller à la peau comme la peste.

Ça m'a énormément fait de la peine de me séparer de mes amies. Pour une fois, je me sentais bien. Je ne comprenais pas pourquoi il fallait partir.

Pendant cette période d'adolescence, la rebelle Patricia se réveilla. Toute ma colère et cette honte refoulée à l'intérieur de moi n'avaient plus d'emprise sur ma vie. Garder un secret pendant toutes ces années avait commencé à me détruire mentalement et physiquement. La suite ne se déroula pas comme maman l'avait prévu. Aujourd'hui je comprends que j'étais brisée. La société est loin d'être parfaite. Tout n'était que mensonge à mes yeux.

J'ai souvent tenté de canaliser mes souffrances en essayant de fuir la réalité. J'ai essayé de vivre normalement et de passer à autre chose comme nous devons tous le faire. Ce n'était malheureusement pas le cas et les dommages collatéraux avaient déjà commencé à prendre de l'expansion dans ma vie. J'ai dû soulever des montagnes et traverser à maintes reprises des périodes de destruction et de reconstruction. J'ai appris à pardonner ces deux pédophiles démoniaques qui m'ont dérobé mon entière innocence afin d'être en paix avec moi-même. Pour aller de l'avant, il y a parfois un prix à payer pour accéder aux grandes bénédictions. Pourquoi? Nous vivons dans un monde où le bien et le mal règnent côte à côte. Je crois fermement que pour découvrir sa lumière, une personne devra constamment être testée par ses épreuves de la vie.

Tu es extraordinaire et ta vie est un combat. Tu remporteras cette victoire. Ne laisse pas tes douleurs détruire toutes les belles opportunités et bénédictions qui s'ouvrent à toi. Ne laisse pas ces démons te distraire et t'éloigner du chemin. Nous vivons dans un monde de pêcheurs et tout ne peut être parfait. Tu peux par contre prendre le contrôle de tes émotions si tu as foi en toi et en ton grand maître.

# Chapitre 5
---
## *Fuyons ces Souffrances*

Nous étions au Michigan, en 1996, dans le quartier de Holland. C'était un endroit particulier et très différent. J'étais complètement complètement dépaysée. Moi, une petite fille de la ville qui se retrouvait maintenant en banlieue. Il fallait prendre la voiture pour se rendre au dépanneur le plus proche et les autobus ne passaient pas aussi souvent qu'à Montréal.

Je décidai de faire un tour afin de connaître le voisinage. «Oh, ils ne parlent qu'anglais icitte! Bon ça va pas ben». Étant francophone d'origine, je ne connaissais qu'une base d'anglais. Soudain, sur le chemin de cette brève aventure, j'entendis une mélodie très familière. C'était le *konpa*. Je me suis dit qu'il devait probablement y avoir des Antillais dans le quartier. J'ai pour un court instant ressenti une lueur d'espoir et de soulagement.

Une fois revenue à l'appartement, c'était très différent. Nous vivions chez l'ami de longue date de maman. Elle l'a rencontré au collège lorsque grand-mère l'envoya étudier ici même, chez un couple de pasteurs et leurs enfants. Si vous vous souvenez, elle tenait à tout prix à l'éloigner de papa pour ainsi briser leur relation amoureuse.

Elle y vécut un an. Et c'est à cette époque qu'elle rencontra cet ami, qui deviendrait, après quelques années, le père de ma petite sœur.

Je le rencontrai pour la première fois lors d'un de nos voyages à Chicago. Un homme très gentil; d'ailleurs j'avais enfin l'impression que les hommes étrangers n'étaient pas tous méchants. À l'exception de mes oncles, je n'avais confiance en aucun d'entre eux. Je me suis convaincue que celui-là n'était probablement pas un pervers.

Mais j'étais tout de même très curieuse alors je décidai d'aller explorer un peu. En me penchant pour fouiner le dessous de son lit, je mis la main sur un objet long, lourd et étrange. C'était une carabine. C'était bien la première fois que je voyais une vraie arme de ma vie. Dans son placard se trouvaient des vêtements plutôt sexy. Je les montrai vite à maman. Elle était plutôt choquée et déçue. Je crois qu'elle regrettait un peu d'être partie.

Il portait souvent un grand peignoir et je me posais la question: «Est-ce qu'il est nu en dessous de son peignoir lui aussi? Va-t-il me montrer son pénis et me demander de le mettre dans ma bouche?» Je gardais toujours mes distances afin de me protéger. Il essayait de son côté de se rapprocher de moi pour me montrer son affection. Je trouvais qu'il s'y prenait de très mauvaise manière. Il se moquait parfois de mon accent anglais. Je n'aimais pas cela du tout. En toute honnêteté, je commençais à développer une certaine haine envers lui. Les tensions entre nous se plaçaient tranquillement dans sa maison. Parfois, j'allais chez sa sœur puisqu'il y avait des enfants, afin de socialiser. Ils étaient par contre beaucoup plus jeunes que moi. Je ne voulais que retrouver mon ancienne vie et aller rejoindre mes amies du secondaire à Montréal. Je pleurais tous les jours. J'étais extrêmement triste. Maman avait le cœur en miettes à me voir ainsi.

Je ne pouvais pas même mettre une bonne pizza-bacon au four, car monsieur était musulman. Maman disait ne plus reconnaître l'homme qu'elle avait rencontré. Les gens changent, vous savez.

Cette période de ma vie était l'élément phare qui enclencha toute cette colère refoulée depuis très longtemps. Au fond de moi, je savais que le père de ma sœur essayait de m'aider à me sentir protégée, car maman lui avait parlé de ce qui m'était arrivé dans le passé. Il essayait de faire tout son possible pour assurer mon confort autour de lui, car il ressentait mon malaise. La connexion était quand même très difficile. Malgré les efforts, je ne pouvais malheureusement pas me défaire de ces craintes de peur de me faire abuser à nouveau.

C'était une situation tendue pour maman, car je ne

voulais plus vivre sous le même toit de ce monsieur. Elle essayait de trouver tant bien que mal, solution à cette situation. C'est qu'elle faisait face à une nouvelle épreuve: maman attendait un autre enfant, ma petite sœur.

À ce moment-là, je n'étais pas au courant, ce qui rendait la situation encore plus difficile. Aujourd'hui, je réalise à quel point ça ne devait pas être évident à gérer. Pendant qu'elle préparait tranquillement toute la paperasse nécessaire afin que nous puissions enfin devenir citoyennes américaines; elle cherchait encore un moyen de changer les choses.

«Patoutou, te rappelles-tu de ta tante qui vit à Miami? Nous y avions fêté tes six ans. Tu avais adoré cet état. Tu pourrais y passer quelques semaines, le temps que je rassemble nos documents. Je pourrais également trouver un logement afin que nous vivions ensemble, seulement toi et moi.»

«Ah oui le paradis!» Oui, que de beaux souvenirs d'enfance! C'était le tout premier voyage de mes cinq ans en Floride.

J'étais à la fois excitée et triste. Je ne comprenais pas pourquoi c'était si difficile de tout simplement partir de cet endroit et je comprenais encore moins la raison pour laquelle elle décidait de choisir cet homme à sa propre chair. J'étais frustrée et perdue. Je faisais toujours face à toutes ces douleurs et ce stress seule. À 14 ans, je n'avais personne à qui me confier. C'était moi contre le monde entier.

J'étais vraiment la petite fille à sa maman. Imaginez être

très loin d'une mère adorée. Passer quelques jours sans elle était extrêmement douloureux. Mais l'idée de ne plus vivre sous le même toit que le père de ma sœur me réjouissait tellement. Je ne savais plus quelle décision prendre.

Un jour, il a été complètement hystérique. Maman avait fait cuire une pizza avec des mini morceaux de bacon.

«I don't want no fucking pork cooking in my house!» (Je ne veux pas voir de putain de porc cuire dans ma maison!)

Ma mère, sous le choc, vit le côté noir de cet homme et cela dans son entièreté. Elle décida de me protéger et d'exiger que je parte en Floride, le temps qu'elle puisse se sortir de cette relation toxique à son tour.

Mon départ n'a pas été facile. Nous avions souffert chacune de notre côté.

J'arrive encore à ressentir cette profonde douleur en décrivant les lignes de cet épisode. Pour la première fois de ma vie, j'allais me séparer de maman et vivre loin d'elle. Je dormais jusqu'à l'âge de 13 ans avec elle. Comment imaginer vivre à des kilomètres loin de mon ange gardien?

Tout le long de la route en direction de l'aéroport, l'épouvantable pervers narcissique avait peine à comprendre ce choix que nous avions eu de m'envoyer vivre dans un autre état au lieu de me laisser une journée de plus avec lui. Il jugeait et insultait maman. Il se moquait de tous les Haïtiens de la Floride et disait qu'ils arrivaient par bateau. Maman défendait constamment ses origines.

En arrivant à l'aéroport, je fis mes au revoir à maman.

J'étais en larmes. Je ne voulais pas la quitter. Qui allait la protéger maintenant? Je voulais à tout prix me réveiller de ce cauchemar, mais ce n'était pas un rêve. Oui, je devais réellement la quitter. J'ai pu ressentir toute l'inquiétude d'une maman devant laisser son enfant seule dans un avion.

Elle me répétait sans cesse:

« Patoutou je sais que tu es une enfant aventurière et curieuse. Mais à ton arrivée à l'aéroport de Miami, je t'en prie, tu t'assois jusqu'à ce que ta tante vienne te chercher. S'il y a urgence, tu peux m'appeler à l'aide de l'interurbain. Tu verras, le temps va passer vite et on se voit très bientôt! »

Et voilà que je me retrouvai dans l'avion, seule. Oui, j'avais bel et bien tenu le coup. J'imaginais tranquillement ma nouvelle vie au paradis. En regardant par le hublot, j'essuyai mes larmes et me réjouis en admirant la vue d'en haut. Je revis ces magnifiques palmiers et cocotiers juste après que l'avion n'eut traversé la mer turquoise. Je sentis cette toute nouvelle excitation monter en moi. J'étais à nouveau dépaysée. Mais cette fois-ci, je n'étais pas dans le Michigan.

J'avais l'impression d'y avoir déjà vécu. J'étais tellement heureuse. Voyager pour moi était toujours un réel plaisir pour l'aventurière que j'étais. Je raffolais de tout ce qui était hors de ma zone de confort. J'arrivais à m'imaginer des scénarios de films dignes d'une exploratrice d'*Indiana Jones* partie à la découverte d'un Nouveau Monde.

Au débarquement, dans l'aéroport de Miami, mon imagination débordait de plus belle. J'arrivais toujours à jouer à la rebelle malgré les strictes règles mises en mesure pour me protéger.

Cet aéroport était pour moi l'endroit où les choses devaient s'améliorer. Je voulus alors faire les choses à ma façon. Je ne suivais pas du tout les conseils de maman. J'étais maintenant perdue dans ce lieu immense.

« Patricia tu es où? Ta tante te cherche et nous sommes inquiètes. Je t'avais dit d'aller t'assoir et de l'attendre.»

Avant même que je ne lui trouve une de mes excuses favorites, j'aperçus une femme à la coupe carrée s'avancer vers moi soutenue par une démarche masculine et imposante. Ma tante était venue me retrouver.

« Ça va faire une heure que je te cherche. Tu n'es pas à Montréal ici Patricia. C'est très dangereux. Tu m'as stressée! », s'écria-t-elle d'un ton inquiet.

Je sais que je l'avais bien mérité ce grondement. Aujourd'hui, mon cœur de maman sait que j'aurais réagi de la même manière et même pire.

Pourtant, ça m'a perturbée. J'étais tellement excitée de la revoir à huit ans plus tard. Je m'attendais à plus. Je croyais qu'elle serait heureuse de revoir sa nièce qui lui rappellerait son frère adoré. Je m'imaginais faire des activités avec mes cousines.

J'arrivais malgré tout à admirer le beau paysage sur la route en direction de ma nouvelle demeure des prochains mois. Nous nous dirigeons vers West Palm Beach. Pendant le trajet, je commençais à repenser aux souvenirs d'enfance de ma première fois. Oui, je parle bien de mon paradis, ce lieu qui a abrité tant d'abus.

Nous arrivâmes à destination. «Oh my lord!» Ces petites bêtes atroces vertes qui se faufilaient à une vitesse plus rapide que nos écureuils du Québec me dégoûtaient. Mes cousines et ma tante trouvaient cela très comique de me voir ainsi effrayée par ces bestioles. Il fallait maintenant que je m'habitue à mes nouvelles créatures.

J'avais ma propre chambre et ma propre télévision. Au début, j'étais une invitée traitée au petit soin. Ma tante nous racontait, à mes cousines et moi, des histoires et ses plus beaux souvenirs d'enfance. Cela dit, ma réalité me frappa du jour au lendemain. Maman me manquait.

Ce n'était pas la dynamite que je croyais retrouver en laissant le Michigan, mais il m'était quand même possible de prendre une nouvelle direction afin de fuir mes traumas. Je me trouvais dorénavant en transition.

Ma tante suivait également son propre parcours. Elle était en procédure de divorce et de garde partagée. C'était une femme monoparentale mère de deux enfants et bien sûr je m'ajoutais maintenant à sa famille. Elle n'était pas toujours très heureuse. Sa profession d'infirmière la soumettait parfois au travail de nuit. Alors certains soirs, elle était extrêmement épuisée.

Un soir, alors elle me réveilla en pleine nuit pour me demander de faire la vaisselle. Je me souviens d'avoir téléphoné à maman pour me plaindre. Je voulais à tout prix retourner auprès d'elle. Elle essaya de me convaincre en me donnant l'espoir de revenir très bientôt à Montréal. Je ne rêvais qu'à ce jour.

Ma tante essayait de me discipliner à sa manière. Elle voulait me préparer à être plus indépendante. Elle me faisait faire mon propre lavage, plier mes vêtements, passer l'aspirateur, et quelques autres tâches ménagères. Je le vois maintenant comme une preuve d'amour, mais son comportement était bien différent de la définition que j'avais élaborée dans ma tête. L'amour pour moi ne vibrait pas dans cette dimension. Une bonne fois, elle s'était énervée. Elle me dit que je me retrouverais probablement enceinte à l'âge de 16 ans si je retournais à Montréal.

Pour moi, c'était tout nouveau, car je n'étais pas habituée à ce mode de vie. Vivre avec une femme profondément blessée et brisée par l'amour m'était insupportable. Et je n'avais pas l'habitude de faire toutes ces tâches ménagères chez maman. Elle avait sa propre façon de m'éduquer. Lorsqu'elle était jeune, ma grand-mère engageait une femme de ménage. La seule responsabilité qu'on imposait à maman, c'était ses études, ses leçons de piano et de prière. Maman a donc suivi cet exemple. Donc, j'étais complètement déstabilisée.

Je me demandais parfois pourquoi j'avais des attentes aussi élevées sur le chemin d'une nouvelle route. Maman m'avait donné l'espoir qu'en partant les choses allaient s'améliorer. Cependant, ce n'était pas le cas. Comment pouvaient-elles si je n'avais jamais été confrontée aux situations qui m'ont blessée et à toutes ces vérités encore dissimulées?

Même si nous décidons de prendre la fuite, nous ne pouvons jamais nous échapper de nous-mêmes. Nous devons à tout prix accepter notre histoire afin de continuer à avancer pour le meilleur.

Après plus de trois mois chez ma tante, des membres de ma famille maternelle sont venus me chercher à la demande de ma maman. Je n'en pouvais plus. J'étais ainsi là, à nouveau suivant un autre chemin en direction de Pembroke Pines. Je passai deux semaines chez la petite sœur de ma grand-mère, le temps que ma grand-mère paie mon billet d'avion pour mon retour. C'était tout le contraire de ce que je vivais chez ma tante. La grande sœur de mon père était une femme froide tandis que ma grande tante maternelle n'était pas sévère du tout. Très affectueuse, elle pouvait me donner une dizaine de baisers par jour.

Elle est venue m'apporter un réconfort; ce que je n'avais pas ressenti depuis fort longtemps.

# Chapitre 6

## *De Retour à Montréal*

Le grand jour arriva. J'allais enfin revoir maman. Je me demandais si elle était aussi excitée à l'idée d'enfin me retrouver. Je me questionnais aussi sur le mystère de mes prochaines aventures et ce qui allait être différent. Ce plein d'émotions me perdait. J'étais nerveuse, triste, en colère, indécise, stressée; tout un amalgame. J'espérais surtout ne plus jamais subir d'abus auprès des hommes.

Et c'était reparti, je pris mon vol seule vers Montréal. Bye la Floride! Ce fut une expérience inoubliable. J'avais découvert que le mouvement ne signifiait pas nécessairement l'avancement, et certainement pas la guérison. Par contre, d'une certaine manière, c'était mieux que de rester immobile. Lorsque j'avais le temps de trop réfléchir, j'étais toujours triste, déprimée, et je me questionnais constamment sur mes choix.

À l'aéroport de Montréal, je reconnus à l'instant ma maman d'amour. Sur le coup, elle ne m'a pas même reconnu. J'avais bronzé et pris du poids. Le soleil de Floride est tout à fait particulier.

«Oh Patou c'est toi? Tu as bien grossi et ta peau est plus foncée!»

Nous avions le fou rire et je lui donnai un énorme câlin. J'étais très heureuse de la voir.

Cela dit, quelque chose avait changé en elle. Son physique n'était pas le même. Cette femme a toujours eu un corps d'athlète et je trouvais son ventre un peu gros. Et, curieuse comme je l'étais, je ne pouvais m'empêcher de lui demander.

«Maman, toi aussi! Ton ventre a bien changé.»

Et elle me répondit: «N'aimerais-tu pas avoir une petite sœur ou un petit frère?»

Je lui fis une de ses crises. Je refusais cette idée. Pour calmer l'atmosphère, elle affirma que c'était une blague.

Je repris les cours à l'Académie Dunton. J'étais très contente de revoir mes amies. Je leur racontai mes aventures du Michigan à la Floride. Elles étaient toutes captivées.

Après quelques semaines, maman eut un rendez-vous chez le gynécologue. C'est ainsi que je réalisai que je ne serais plus enfant unique. Vous devinez bien que ce n'était pas la joie de mon côté.

Cela n'a pas été facile pour maman puisqu'elle avait tout abandonné pour aller vivre dans le Michigan en pensant trouver une vie meilleure. Et maintenant, elle se retrouvait seule et enceinte encore une fois. Cette fois-ci, avec une jeune adolescente en pleine croissance. Je comprends que cela n'a pas dû être très évident pour elle.

Au début, nous logions dans la seconde maison de ma grand-mère. Mais maman, étant une femme très indépendante, ne voulait la pitié de personne.

Les temps étaient assez difficiles. Parfois, nous ne mangions pas à notre faim; même si elle savait qu'elle aurait pu demander l'aide de grand-mère qui était très fortunée. Son orgueil et la peur la paralysaient tellement qu'elle préférait se débrouiller seule comme toujours.

Après plusieurs mois, ma petite sœur arriva au monde. C'était une autre césarienne pour maman et elle eut recours à la transfusion sanguine. Elle n'en voulait pas, mais savait que c'était une nécessité pour lui sauver la vie et ainsi éviter qu'on ne se retrouve orpheline.

«Quel magnifique bébé! Je te promets que personne ne te fera du mal tant et aussi longtemps que je serai à tes côtés petite sœur!», en lui chuchotant à l'oreille.

Pendant ce temps-là, maman était plus vulnérable, j'en profitai pour commencer à faire toutes les choses qu'elle m'interdisait à son insu.

Je commençai par sécher les cours, à fumer de l'herbe et à boire de la bière avec d'autres jeunes de mon âge. Je trouvais ça très cool, mais je me dirigeais vers les portes de l'enfer. J'étais une jeune incomprise, perdue et frustrée de la vie.

Me révolter était une façon pour moi d'exprimer toute ma colère. Je commençais à avoir de la difficulté à l'école. Je coulais mon cours de math du secondaire 3. La direction m'obligeait à suivre des cours d'été, mais j'avais convaincu maman de me changer d'école en lui disant qu'ils me feraient recommencer l'année complète. Ce qui était totalement faux. Je ne voulais tout simplement plus me retrouver dans la même école que les amis avec lesquels j'avais l'habitude de traîner. Je trouvais de moins en moins d'intérêt pour cette école à chaque fois que je me trouvais en leur présence. Elle était trop stricte et j'en avais plein le dos de cette discipline. Et que dire de l'uniforme qui me mettait dans une rage folle! La rébellion était ma bouée de sauvetage.

Ma tante ne me l'avait-elle pas prédit? À Montréal, je tomberais enceinte à l'âge de 16 ans. Je devais bien m'arranger pour réaliser ce présage, n'est-ce pas? C'était mon rôle de rebelle.

Cette folle période débuta pendant mes crises d'adolescence de 14 ans. Je fis la rencontre d'un jeune garçon, mon premier amour. Il avait trois années de plus que moi. Je me trouvais tellement cool à cette époque d'avoir un petit copain plus âgé. De son côté, lui, il ne s'intéressait qu'au sexe. Il insistait constamment, mais je refusais. À cette époque, j'étais encore vierge et je suivais la tradition. Je voulais attendre le mariage avant d'avoir des relations sexuelles. Nous nous sommes fréquentés pendant deux mois. Je séchais encore mes cours pour venir le voir, car je devais être à la maison pour 16:30 pm . Maman était très sérieuse à ce sujet.

Un samedi, alors qu'il m'était interdit de faire quoi que ce soit; je trouvai un moyen de me libérer afin d'aller voir mon copain en douce. Je lui dis que je devais rencontrer une amie à la bibliothèque pour lire et étudier. C'était la seule option qu'il me restait afin qu'elle me laisse enfin sortir. Toutefois, j'étais loin de m'imaginer vivre ma première rupture amoureuse.

Ce petit con m'avait trompée et l'annonçait ouvertement comme si c'était une fierté. Son ami était même de la partie. Ça l'amusait, on dirait bien. Aujourd'hui, je réalise qu'il n'était qu'un jeune adolescent vivant ses propres expériences. Par contre, l'humiliation et la trahison m'étaient insupportables. Je devais rejeter cette douleur émotionnelle qui me rongeait de l'intérieur. J'étais d'une rage folle:

«Donc toi, si je comprends bien, tu penses m'humilier ainsi devant ton ami n'est-ce pas? Alors c'est terminé! Tu ne me mérites pas petit con! J'ai été complètement idiote d'être tombée amoureuse pour toi. », déclarai-je en larmes. Quant à son meilleur ami, il sortit me réconforter.

Je racontai à mes meilleures copines ma rupture et l'une d'entre elles m'invita à faire un photoshoot pour me changer les idées. Je me trouvais très photogénique. J'avais toujours rêvé au mannequinat et ainsi faire la couverture de grands magazines. J'ai pensé que ça pourrait être un début.

L'homme derrière la caméra, Fanfan était super. La photo

était son passe-temps. Fanfan fut l'une de mes premières figures paternelles. Il nous considérait comme ses filles, ma copine et moi. Il avait trois enfants, dont deux garçons et une fille. Un de ses fils avait 29 ans. Je le trouvais mignon. Il me faisait penser au chanteur populaire RnB R. Kelly qui faisait un tabac à cette époque.

Mon cœur froid et fragile se réchauffait tendrement. Lorsque nous avions des séances de photos chez lui, il nous surveillait constamment, car il savait que les jeunes filles étaient intéressées par son fils cadet. Parfois, Fanfan nous précipitait à rentrer à la maison après nos séances de photo. Il voulait éviter qu'on croise Ray avant son retour du travail.

Un jour, je finis tout de même par voir Ray. Il s'arrêta pour me dire qu'il me trouvait vraiment de son goût. Vous connaissez déjà la suite. Un de ces matins, il m'invita à venir chez lui, très tôt avant que son père ne soit de retour.

La naïve que j'étais accepta. J'enlevai ma veste et essayai de m'installer confortablement. J'étais bien. Il me mit à l'aise et me tendit alors une bière. Je n'avais que 14 ans et ça, Ray le savait bien. C'est qu'il avait son plan en tête ce petit frimeur.

Ray mit de la musique et me dit: «approche-toi, viens danser, j'adore ce zouk.» Nous avons alors commencé à danser et nos corps se rapprochaient. Je sentis une douce chaleur m'alourdir lentement.

« Allons dans la chambre. Allonge-toi sur mon lit. »

Ray commença à m'embrasser un peu partout. J'étais tout excitée. Je ne comprenais pas ce qui m'arrivait, mais je me laissai prendre au jeu. Il posa son corps sur moi et je sentis soudainement son membre entrer et déchirer mon hymen.

Une fois qu'il eut terminé, il me repoussa comme un gamin qui avait terminé avec son jouet.

Son lit était ensanglanté. Ray venait de me dérober.

Je le croyais différent, jamais je n'aurais imaginé qu'il allait me faire cela. J'avais confiance en lui. Toutes ses discussions sur la vie n'étaient que de la manipulation. Son sourire séduisant avait viré au cauchemar. C'est avec larmes et tristesse que je me précipitai hors de la pièce.

Un autre homme s'était encore servi de ma naïveté et avait volé une autre partie de moi. Dieu, pourquoi suis-je toujours la victime de la perversion des hommes? Ma beauté et mon charisme ne sont-ils pas une malédiction?

Pour me libérer de ma peine, je commençai à fumer de l'herbe. Mes fréquentations n'étaient plus les mêmes.

Je voulais être avec des gens qui n'avaient peur de rien; d'avoir une certaine appartenance à un groupe pour de la protection. Après tous ces pervers narcissiques qui m'ont abusée, c'était devenu quelque chose de primordial.

À cette époque, je trouvais ça "cool" ou "lit" comme, dirait la nouvelle génération. Aujourd'hui, lorsque je les vois devant les dépanneurs, les blocs et les parcs dans les quartiers de Rivières-Des-Prairies et Montréal-Nord; ils me rappellent les rappeurs dans les vidéo-clips de Rap City de New-York ou les artistes de R&B sur la chaîne de BET.

Je les trouvais tellement attirants. Je voulais aussi ressembler aux filles plus âgées que moi, suivre la mode tendance et m'habiller comme elles. Les chemises à carreaux vert et bleu, les mini-jupes à plis ainsi que les bas jusqu'aux genoux m'attiraient. J'aimais également les combinaisons-pantalons et les hauts courts. Et que dire des espadrilles *FILA*; les piercings aux oreilles; les bandanas attachés sur la tête; les pantalons ressemblant à des leggings moulants qui épousaient les courbes et les grands anneaux dorés.

Mes vêtements préférés étaient moulants. J'étais en pleine croissance, donc mon corps commençait à bien se développer et les garçons étaient plus intéressés par les filles avec de belles courbes.

Lorsque nous sommes jeunes et en pleine puberté, nous croyions souvent que nous connaissons tout de la vie. Mais ce n'est qu'une mascarade, en particulier lorsque nous nous retrouvons face à des épreuves extrêmement difficiles.

J'avais grandi à St-Léonard, la forte majorité de cette municipalité était des Italiens. Mais je trouvais que c'était trop tranquille et qu'il n'y avait pas assez d'action. Ma rébellion était revenue au galop.

D'ailleurs, j'avais découvert le secteur de Montréal-Nord, en passant parfois les fins de semaine chez mon oncle. Il avait une fille et deux garçons. J'étais enfant unique et j'aimais passer du temps avec mes cousins et ma cousine. D'ailleurs jusqu'à aujourd'hui, je suis très proche d'une de mes cousines. Elle est comme une petite sœur pour moi, Nakisha.

C'est en allant chez cet oncle que je fis la rencontre d'un

jeune homme qui était son voisin à l'époque. Je n'aurais jamais cru qu'il deviendrait un jour le papa de ma fille.

J'avais une cousine que je considérais comme un membre de la famille. Maman avait grandi avec sa maman dans son château de cage dorée, car elle louait l'une des chambres à grand-maman.

Alors cette cousine en question fêtait ses 17 ans, et j'étais très excitée à l'idée que je serais avec des jeunes beaucoup plus âgées que moi. J'aimais jouer dans la cour des grands.

Ses filles et moi avions décidé de trinquer au rhum Barbancourt cinq étoiles pour être ivres plus rapidement. C'est alors que je n'arrivais même plus à me tenir debout, voilà que m'apparut ce jeune homme qui me semblait très familier, le voisin de mon oncle.

«Hey je te connais toi. Tu es le voisin qui habite à côté de chez mon oncle.»

«Et oui c'est moi. Tu es vraiment belle. Viens danser avec moi.» Je n'arrivais même pas à me tenir debout et il essayait d'avoir une conversation avec moi, mais j'étais trop saoule. La fête se termina, car la police était intervenue dû à une plainte des voisins.

Quelques semaines plus tard, ma mère, ma petite sœur et moi avions décidé de déménager à Montréal-Nord, car les logements étaient beaucoup moins dispendieux. Maman était monoparentale et sans emploi avec une adolescente et un bébé.

J'allais au secondaire, en plein cœur du ghetto de Montréal-Nord. C'est une polyvalente qui n'avait en rien l'air de mon ancienne école. Il y avait là, un groupe de filles que je n'avais jamais vu auparavant. Ma cousine se tenait avec quelques-unes. À cette époque, les gangs de rue restaient à proximité de l'école dans le grand parc qui se trouvait à quelques mètres de l'école. Certains de ces garçons m'interpelaient souvent, car j'étais un nouveau visage et ils me trouvaient très jolie. J'ai toujours été le style de fille qui attire beaucoup la gent masculine.

Je me retrouvais également à la même école que ce jeune garçon, le fameux voisin de mon oncle. Je me dirigeais dans ma classe quand je l'aperçus devant moi et au moment où j'essayai de l'esquiver, il m'arrêta afin de discuter.

Je n'étais pas vraiment intéressée, car il n'était pas du tout mon genre de gars. De plus, mon oncle ne voulait pas que je lui adresse la parole. Il savait également que nous étions complètement différents. Nous ne partagions pas les mêmes valeurs et nous n'étions pas de la même classe sociale. Cela faisait quelques années qu'il était arrivé au Canada.

Mais, la petite voix du mal était constamment dans ma tête afin que je prenne encore le mauvais chemin.

Trench n'était pas un mauvais garçon, mais le quartier avait beaucoup d'influence sur ses actions Et l'encadrement à la maison aussi n'était pas rose. Il vivait avec sa mère, son père, ses deux petits frères et sa petite sœur. Trench était l'aîné de la famille.

Son père était extrêmement sévère. Je me rappelle aussi

que Trench allait à l'école et il travaillait en même temps afin d'avoir une certaine discipline pour éviter qu'il puisse se retrouver en groupe et de traîner dans les rues de Montréal-Nord. Son père prenait son chèque afin de payer les factures de la maison. Même s'il voulait s'acheter une paire de souliers de course dernier cri, il n'avait pas les moyens de l'acheter; donc se faire de l'argent rapide était devenu quelque chose de très tentant.

Sur l'heure du midi, mes copines et moi allions manger chez lui. Nous faisions toutes sortes de jeux. Au début, je le voyais comme un ami. J'adorais les grands gars athlétiques, joueur de basketball ou les breakdancers. Lui, n'avait rien de tout ça pourtant, il était très déterminé que je devienne sa petite copine.

À tous les jours, après l'école, il m'accompagnait à la maison. Malgré le fait que je ne devais communiquer avec lui. Il le savait. Un jour que nous allions prendre l'autobus, après l'école, mon oncle se précipita vers moi en me grondant devant tout le monde.

«Je ne veux plus que tu te promènes avec ce voyou. Il n'est pas une bonne influence pour toi. Il va te faire prendre de la drogue et te faire danser ou t'inciter à te prostituer.»

Pourtant, j'avais déjà commencé à fumer de l'herbe avant même que je ne le rencontre. Et pour ce qui était de danser, je n'avais aucune idée de la nature de ce métier.

J'étais tellement embarrassée. Les étudiants témoins de la scène riaient. C'était aussi honteux pour lui que pour moi.

Trench avait fui les lieux d'une vitesse étonnante. Mon oncle continuait de me faire la morale jusqu'à la maison. Je croyais autrefois qu'il ne voulait que me réprimander, mais aujourd'-hui, je réalise qu'il tentait simplement de protéger la fille de son petit frère adoré.

Lorsque nous sommes jeunes, il nous ne réalisons pas nécessairement que chaque action posée vient avec une grande leçon de vie. La suite des choses ne s'était pas passée comme me l'avait prédit ma vision d'adolescente.

Malgré tout, j'étais déterminé à voir ce jeune homme. Mon oncle était même allé jusqu'à parler à ses parents pour les aviser qu'il ne voulait pas que leur fils s'approche de moi. Mais vous savez bien que les choses interdites aux adolescents les incitent souvent à désobéir. Et comme j'ai toujours été entêtée; plus on m'empêchait de faire quelque chose, plus j'avais envie de faire le contraire.

Mon côté vulnérable de jeune fille à la recherche d'un amour paternel me poussait à agir avec le cœur et non avec la tête. Je recherchais également la sécurité. Il était très protec-teur et même jusqu'à en devenir extrêmement possessif. Cependant, je n'avais pas reconnu les signes. J'étais beaucoup trop hantée par mes pensées et mes émotions.

On continuait à se voir en cachette et afin de ne pas se faire attraper, nous marchions plutôt que de prendre l'au-tobus situé juste en face de la maison. Je me suis alors fait prendre au piège en désobéissant de plus belle.

Les débuts étaient vraiment bien. Il m'amenait au cinéma

et surtout adorait m'amener manger, car il prenait un plaisir à me voir savourer la bouffe. Tout se passait assez bien jusqu'au jour où je découvris son côté violent.

J'étais allée manger un jour avec un ami que nous avions en commun, Gaby. J'avais rencontré ce jeune bien avant lui, car il fréquentait une amie de ma cousine. Pour moi, je ne voyais rien de mal à ça. Après le repas, nous nous dirigions ensemble en direction du parc près de chez Trench. J'ai pu voir la colère et la jalousie à travers ses yeux. Lorsque je m'approchai de lui, il me prit par le bras et me gifla violemment devant tous ses amis jusqu'à m'arracher une de mes boucles d'oreille. J'en garde encore la cicatrice aujourd'hui.

J'étais très embarrassée, car ses amis se sont tous mis à rire. J'avais également peur. C'était la première fois que quelqu'un me frappait au visage. Pourtant je suis restée là dans la relation en croyant que c'était sûrement de ma faute. Je me disais peut-être que je n'aurais pas dû aller manger avec son ami. J'ai commencé à me culpabiliser. Autrefois, je ne savais pas ce qu'était de la violence conjugale, car je n'avais jamais vécu ça. J'avais encore moins vu un homme agir de la sorte envers ma maman ou grand-mère.

Bien au contraire, maman a toujours été la femme portant les culottes dans une relation. Encore à ce jour, elle demeure une femme de caractère et ne se laisse jamais marcher sur les pieds. J'étais confuse et il m'était alors impossible de lui en parler. J'avais trop honte.

À la suite de cet événement, il était très gentil avec moi.

J'ai donc vite oublié ce qu'il s'était passé. Vous savez que tout devient encore plus dangereux lorsqu'on pardonne si vite. Cette relation était destinée à devenir toxique. La souffrance était devenue une chose tout à fait normale pour moi. C'était simplement une autre épreuve à faire face. Je continuais en toute logique à aller de l'avant.

Pour passer du temps chez lui, il nous arrivait de sécher les cours. Ses parents travaillaient de jour, ce qui nous permettait d'être seuls. Nous faisions des trucs d'adolescents en pleine crise. Nous fumions des joints, et avions des relations non protégées. Nous écoutions de la musique jusqu'à l'heure de la fin des classes. Je rentrais à la maison par la suite afin que maman ne se doute de rien.

Un jour, alors que nous étions chez lui occupés à avoir des rapports sexuels; quelqu'un passa les clés à la porte d'entrée.

«Merde! Cache-toi dans la penderie. », me dit-il

Son père aperçut nos chaussures devant l'entrée donc il savait que nous étions à l'intérieur. Il se précipita alors très vite vers la chambre de mon copain et devina notre cachette.

C'était l'un des moments les plus embarrassants de toute ma vie. Il nous attrapa.

«Que faites-vous à la maison à cette heure? Vous n'êtes qu'une bande de vagabonds! Et toi, tu es une fille. Si tu n'es pas intéressée à l'école, va travailler au McDonald. Je vais appeler ta mère.»

Ce n'était plus la peur qu'il nous attrape qui me perturbait le plus maintenant, mais maman. Je savais bien qu'elle m'arracherait la tête. Je pensais clairement à ma punition et au reste de ma famille qui me bannirait assurément à la suite de cette aventure. Mon Dieu! Lorsque je suis rentrée à la maison, maman n'était pas contente. Mais j'arrivais toujours d'une certaine façon à me sortir du trouble et à prendre maman par les sentiments.

Après quelques semaines, je commençais à ressentir des nausées et je vomissais. Mes seins étaient devenus plus volumineux et je mangeais comme un porc.

«Mais qu'est-ce qui m'arrive?»

Je décidai d'aller dans une clinique pour adolescents au CLSC de mon quartier. Trench m'y accompagna. Il attendait patiemment dans la salle d'attente pendant que consultait l'infirmière. Elle commença à me poser des questions.

«As-tu des nausées? As-tu des douleurs au bas du ventre? Ton appétit a-t-elle augmenté? Quand était la dernière date de tes règles?»

Dans ma tête, je m'interrogeais sur la pertinence de toutes ses questions. Quel était son problème?

À 15 ans, on nous apprend la sexualité, mais ils ne font qu'un survol. On ne nous enseigne pas réellement les bases d'une relation intime entre les jeunes filles et les jeunes garçons. À l'école, nous participions à des ateliers que nous ne pouvions pas réellement nous imaginer. Nous n'avions aucune idée de ce qu'étaient les vraies situations de la vie; jusqu'au jour où nous devons faire face à cette réalité. Nous sommes alors mis à l'épreuve par le choix de nos décisions qui nous guident vers des sacrifices et bénédictions futurs. Il faut par contre avoir le courage d'accepter et d'assumer nos décisions.

Je répondais à ses questions sans trop comprendre. Elle me tendit un verre en plastique afin que je puisse uriner dedans.

L'infirmière était de retour après quelques minutes avec mon copain et une explication très claire: «Vous êtes enceinte! Quelle est votre décision?»

J'étais choquée. Le stress était d'une telle intensité qu'il me paralysait et je ne savais pas quoi répondre.

«Qu'est-ce que ma famille va penser de moi?», pensai-je tout bas.

Je pensais soudainement à ce que ma tante Miami avait prédit au sujet d'une grossesse à 16 ans. J'habitais encore chez maman et ma sœur n'avait même pas encore deux ans. Je ne pouvais pas lui donner ce stress. Ma famille paternelle allait probablement la critiquer, pourtant j'étais la seule responsable de mes actions. Je décidai de prendre un rendez-vous pour un avortement. Je l'ai pris assez rapidement. Je ne m'attendais pas du tout à cela. L'infirmière m'a donné un rendez-vous une semaine après notre rencontre. C'était un vrai challenge, car nous devions sécher nos cours pour éviter que nos parents ne soient au courant.

Elle m'expliqua le déroulement. J'avais très peur et je me sentais coupable. Je paniquais et je commençais à pleurer.

Mon copain essayait de son côté de me rassurer. Assise dans la salle, j'étais complètement étourdie en raison de tous ces comprimés qui provoquaient des contractions. C'était douloureux, mais malgré tout je devais rester forte. Je finis par m'endormir. À mon réveil, j'étais dans une chambre et mon copain était assis sur la chaise et me regardait avec des yeux tristes. Je me mise à pleurer. L'infirmière essaya de me réconforter.

«Tu as pris la bonne décision. Vous êtes encore aux études et vous dépendez de vos parents. Avoir un enfant est une grande décision et il faut prendre le temps de réfléchir.»

Je comprenais tout ce qu'elle me disait, mais je n'arrivais pas à accepter ce que je venais de faire.

Quelques heures après mon intervention, Trench commença à réagir de façon bizarre. Il était devenu très arrogant. Il me demanda de rentrer chez moi après avoir aperçu sa mère entrer chez lui. Je venais tout juste de rejeter mon fœtus et à mon tour je me faisais rejeter. Alors que j'étais assise dans le parc en arrière de chez lui, je me questionnais sur la raison pour laquelle Dieu me faisait souffrir ainsi. Je ne comprenais pas ce que j'avais bien pu faire pour mériter tout ça. Tout ce que je désirais était de l'amour et un peu de sagesse. J'étais fatiguée de me battre. Je n'avais plus du tout le goût de vivre. Je préférais quitter cette terre plutôt que d'accepter cette vie.

J'avais une boîte de Tylenol que l'infirmière m'avait donné pour soulager mes crampes d'estomac. Je décidai d'avaler tous les comprimés de la boîte. Allongée sur l'un des bancs du parc, je vis le film de ma vie se déroulant devant moi. Une sensation de paix s'empara de moi et je m'endormis tout doucement.

Un ami des amis de Trench, qui passait par le parc, me vit couchée et il savait que ce n'était pas mon comportement habituel. Il savait que j'étais une femme capricieuse à l'apparence bien soignée et il avait ressenti tout de suite qu'il y avait quelque chose qui n'allait pas.

«Hey ça va, qu'est-ce que tu fais la seule allongée. Tu n'as pas l'air d'aller.», me dit-il.

«Ça va , je veux juste quitter cette terre alors j'ai avalé quelques comprimés.»

Lorsqu'il aperçut la bouteille de Tylenol vide sur sol, il appela immédiatement les urgences. Il passa 8 heures de temps à l'urgence avec moi. Je dus boire du charbon afin d'éliminer ce que j'avais avalé. Dieu que c'était douloureux! Ce qui m'avait le plus choquée, c'est d'entendre que les Tylénol n'allaient pas me tuer. «Vos membres ne seraient plus fonctionnels.»

Je contactai maman afin de lui annoncer que j'étais à l'hôpital. Elle se précipita pour venir me rejoindre. Je téléphonai également à mon copain. Sa mère prit l'appel et se questionnait sur l'afficheur. Elle y voyait le nom de l'Hôpital Santa Cabrini. Je lui dis toute la vérité sur ma tentative de suicide.

«Mais tu es folle! Ça ne va pas? Pourquoi as-tu essayé de te tuer? Franchement !», s'était-elle alors exclamée.

J'avais vécu assez d'émotions et je n'avais pas besoin d'entendre de telles choses. J'essayais également de ne pas trop dramatiser la situation et elle n'était même pas au courant que son fils m'avait mise enceinte.

Quelques semaines plus tard, je croyais passer à travers ce trauma, mais mes études commençaient à être affectées. Je n'avais plus le goût d'être à l'école et je continuais à sécher les cours. Je me retrouvais souvent dans les bagarres, car certaines filles étaient jalouses de ma relation avec mon copain. Vous savez lorsque vous êtes une nouvelle fille mignonne provenant d'un autre quartier, l'attention est tournée vers celle-ci. Avec toutes les frustrations et les abus physiques de Trench, ce n'était pas toujours évident pour moi d'être dans un état d'esprit serein. Le cours des choses prit une tournure totalement différente lorsque je me suis fait suspendre de l'école. J'en profitai pour lâcher les cours. Maman n'était pas du tout d'accord. Elle était même extrêmement furieuse, car pour elle l'éducation est une de ses plus grandes valeurs. Elle pense que c'est une manière pour une femme d'aller chercher son respect.

Par contre, j'avais déjà mon idée en tête. Donc, il fallait que je trouve un moyen de la convaincre. À l'époque, je me rappelle qu'une camarade de classe me parlait de réclamer plus de liberté. Elle me conseillait de lui mettre la pression et de lui dire que j'allais aviser la DPJ qu'elle était trop sévère avec moi. Je ne réalisais pas que je me sabotais moi-même.

Malheureusement, ma rébellion avait pris le dessus. Je mis effectivement la pression sur maman en lui faisant du chantage. C'est l'un de mes plus grands regrets. La tristesse dans ses yeux était déchirante.

Vous savez, avec le temps, j'ai réalisé que maman voulait éviter que je ne passe par le même chemin qu'elle et ne désirait que ma réussite. Elle savait que j'allais souffrir. Mais il était trop tard, j'avais déjà pris ma décision. Après plusieurs mois, j'étais encore coincée dans cette relation toxique et je ne le voyais toujours pas.

Ce que j'apprends de tout ça c'est que parfois les parents veulent nous parler et nous conseiller, mais nous sommes tellement aveuglés par notre peine et notre douleur que nous n'arrivons pas à réfléchir. Nous faisons malheureusement de mauvais choix. J'ai réalisé que la vie était un apprentissage. Il fallait que je passe par là pour que je puisse donner un sens à ma vie; exactement comme l'enfant qui apprend à marcher.

N'aie jamais de regret pour tes bêtises, car tout à un jour un sens.

# Chapitre 7

## *L'Accouchement Mystérieux*

CETTE PÉRIODE FUT l'un des moments les plus intenses de ma vie, mais également l'une des plus belles expériences.

Je n'allais plus à l'école, alors je continuais de voir Trench. Je commençais de nouveau à ressentir des maux de ventre et j'avais réalisé que je commençais à prendre du poids. Cette situation me rappelait le moment où j'étais tombée enceinte. Je fis l'achat d'un test de grossesse rapide. C'était positif. Cette fois-ci, nous avions pris la décision de garder cet enfant sans hésitation. Le plus grand stress était dorénavant de l'annoncer aux parents en particulier mon oncle, sachant qu'était son voisin et qu'il était contre notre relation.

Je me rappelle une dispute avec mon copain où mes émotions jouaient de plus belle. J'avais encore tenté de me suicider. J'avais alors appelé mon oncle et je lui avouai que je n'avais plus le goût de vivre. Je voulais que mon père puisse être à mes côtés et mon cœur était épuisé. Je souffrais énormément. Il me demanda où j'étais et envoya mon autre oncle venir me chercher. Il arriva quelques minutes après et me dit: «Patricia, tu saignes!»

« Je ne veux plus vivre et je suis enceinte... Je suis enceinte!», je m'exclamais en criant. Mon oncle était choqué. Il appela les ambulanciers. Je portais un pantalon de velours lustré aux motifs de serpent ce soir-là; ce qui lui donnait des reflets particuliers. On avait l'impression que je saignais.

Les ambulanciers arrivèrent et me posèrent quelques questions. J'étais dans tous mes états. Pour assurer ma sécurité, ils m'emmenèrent à l'hôpital. Arrivée là, j'appelai mon oncle, car il m'avait fait promettre de l'avertir au moment que tout irait pour le mieux. J'avais horreur des hôpitaux et on demandait maintenant de porter le sarrau afin de m'examiner. Je pris la soudaine décision de me sauver. Je pris un taxi et je me rendis chez la mère de mon copain. Elle exigea que je me rende à mon oncle. Il était extrêmement frustré parce qu'il se rendit compte que je me suis sauvée de l'hôpital, mais aussi que ma futur belle-mère m'a renvoyé chez lui sans même ce soucier si je vais bien mentalement et physiquement.

J'étais enceinte de trois mois et cette grossesse avait déjà son plein d'émotions. J'avais l'impression de passer par le chemin qu'avait emprunté maman lorsqu'elle me portait dans son ventre. Pourquoi tant de tristesse et d'angoisse pour les femmes de ma famille?

Vous savez quoi? Lorsque nous avons énormément

d'épreuves dans la vie, c'est parce que nous sommes choisis. Nous sommes tous les enfants de Dieu. Comme on dit, il donne ses plus gros combats à ses plus grands soldats. Il te sera alors impossible d'obtenir la vie calme tant désirée. Tu feras face à des situations qui te renforceront.

Ma fille est venue au monde dans une circonstance très particulière. Cela n'avait pas été facile. Je vous rappelle que maman avait démissionné de son travail. Elle pensait que les choses allaient mieux aller en déménageant du Michigan, mais ce n'était pas le cas. Je crois même que si c'était à refaire, cela serait totalement différent. Mais il faut se battre contre ces épreuves de la vie. Il ne faut pas fuir, car au contraire, les problèmes nous suivront jusqu'au moment de la confrontation.

C'était très difficile pour elle de retourner sur le marché du travail en tant qu'infirmière auxiliaire sans compter qu'elle avait encore un enfant en bas âge ainsi qu'une ado qui avait lâché les cours. Elle arrivait à peine à payer le loyer et n'avait pas de soutien de la famille. Maman était en plus une femme qui n'aimait pas demander l'aide dont elle avait besoin. Elle tenait à son indépendance. Elle aurait pu demander à grand-mère, ce n'était pas comme si elle n'avait nulle part où aller. Maman demanda à des amis afin de savoir si nous pouvions demeurer chez eux pour quelques jours, le temps que nous trouvions un appartement. Beaucoup de ses amies avaient refusé. Elle avait souvent aidé ces amies financièrement. Je me rappelle que l'une d'entre elles nous avait accordé cette faveur, mais n'avait jamais ouvert la porte lorsque nous sommes arrivées à destination. Nous devions prendre le bus et le métro. Une autre amie avait refusé sous le prétexte qu'elle ne désirait pas aller chercher les draps placés très loin dans le placard. Je pleurais et je me demandais comment nous allions faire pour trouver un endroit où dormir. Je pouvais voir dans les yeux de maman la crainte de ne pas avoir assez de temps pour trouver un toit avant la nuit. Une femme qui habitait chez ma grand-maman, lorsqu'elle hébergeait les gens, avait finalement accepté.

Pendant cette période nous avions déménagé au moins à quatre endroits différents en l'espace d'un an. Lorsque je fais un retour en arrière, je crois que maman avait également ce sentiment de ne pas avoir guéri de la mort de papa. Elle était épuisée. Je me rappelle aussi qu'un jour on a trouvé un appartement et dans un coin on y avait installé un matelas gonflable . Nous n'avions pas de meubles et je me demandais comment on avait bien pu en arriver là. Lorsque j'étais enfant, nous ne manquions de rien parce que ma grand-mère était également présente. Comment était-ce possible de tomber de cette façon?

À cinq mois de grossesse, je décidai de boire de l'eau de javel afin d'en finir une fois pour toutes. Mais au moment où je pris la bouteille, quelque chose me dissuada. Je pensais tranquillement: «Patricia tu ne peux pas faire ça. Tu ne peux pas être égoïste comme ça. Tu as un autre être qui grandit à l'intérieur de toi. Il n'est pas encore arrivé dans ce monde et tu veux lui faire du mal. Pourquoi?»

Je décidai de poser la bouteille et je suis retournée me coucher. Maman avait décidé de contacter grand-mère. Elle eut alors un peu d'aide. Mais encore une fois, c'était un peu comme une malédiction qui nous poursuivait constamment. Nous ne parvenions jamais à nous sortir de là. Il y avait constamment quelque chose comme un effet domino.

Maman appela également le père de ma sœur pour tout lui expliquer et lui demander son soutien. Il acheta des billets afin qu'on puisse venir habiter chez lui pour quelques semaines. Mais lors de notre arrivée, une autre surprise nous attendait. Nous nous retrouvions chez sa copine. C'était le chaos total! Imaginez-vous la position dans laquelle maman se trouvait. Elle croyait que la situation serait sous contrôle.

Mes hormones de grossesse étaient à leur maximum. J'étais très émotionnelle. Je m'étais même disputée avec le père de ma petite sœur. Il n'arrêtait pas de menacer maman et que je n'aimais pas ça du tout. Je détestais la manière dont il lui adressait la parole. C'était tellement gratuit! Ça me déchirait le cœur de voir ma maman ainsi; cette femme qui s'est toujours sacrifiée pour ma sœur et moi. Je me disais que si mon père était présent, tout ça ne lui serait jamais arrivé.

Maman décida que nous devions retourner à Montréal. Elle avait un ami qui possédait un duplex. Maman accepta l'offre qu'il lui avait proposée. Ce n'était pas le meilleur endroit, mais on n'avait pas eu le choix. Deux jours plus tard, on entendit cogner à la porte et cela inquiétait maman puisque personne n'a jamais su où elle habitait. Elle a toujours été très discrète.

Lorsqu'elle ouvra la porte. Maman fit le saut, très surprise, c'est son cousin.

Et il s'exclama: «Oh mon Dieu ça va faire presque un mois que je te cherche Ruth, ta mère ne va pas bien du tout elle est dans un état semi-comateux.»

Nous sommes ainsi allées visiter grand-mère sur le champs. J'avais le cœur en morceaux de la voir dans cet état; une si belle femme forte et indépendante qui s'était toujours démerder sans l'aide de personne. Et maintenant, elle était allongée sur un lit d'hôpital, paralysée. Elle avait les yeux fermés et ne pouvait pas parler. Elle ne pouvait que nous entendre. Il lui était impossible de nous répondre. Je caressais sa main et j'essayais de lui montrer que j'étais à ses côtés. Je lui parlais afin qu'elle puisse entendre le son de ma voix.

«Grand-mère je suis là. Est-ce que tu m'entends?», elle me répondit en marmonnant. «On revient te voir. C'est promis grand-mère.»

De retour à la maison, nous étions en état de choc. Maman n'était pas une personne qui avait l'habitude d'exprimer ses sentiments. Elle avait appris, suite au décès de papa, à les refouler. Je pouvais quand même voir qu'elle était extrêmement triste. Elle se réveilla très tôt le matin et prépara ma petite sœur.

Elle me dit: «Patou, prépare-toi on va aller voir grand-mère. On va d'abord prendre le petit-déjeuner à ton restaurant préféré et ensuite on ira à l'hôpital.»

Ce matin là, j'étais très étourdie, mais je voulais la tenir compagnie et je savais qu'elle était déjà dans tous ses états en raison de l'état de sa mère. À quelques mètres du restaurant, j'avais encore la tête qui tournait terriblement et je m'évanouis soudainement.

«Oh mon Dieu Pat qu'est-ce qui t'arrive? Réponds-moi, si ça va. On est presque arrivé au restaurant. Tu veux rentrer à la maison?»

Les passants qui avaient assisté à la scène décidèrent d'appeler les ambulanciers. Je me retrouvais donc à l'hôpital le plus proche; là où grand-mère se retrouvait. On me fit passer des tests afin de voir ce qui aurait pu se passer. Nous attendions donc les résultats.

L'infirmière m'expliqua que j'étais en hypoglycémie de grossesse. Elle me donna par la suite la permission de pouvoir quitter. Alors que nous nous rendions au 3e étage pour voir grand-mère. Mais par surprise, elle n'était pas dans sa chambre. J'étais perturbée de ne pas la voir sur son lit. À la réception, je demandai pour la dame qui était à la Chambre 333. L'infirmière nous répondit qu'elle était partie d'une manière glaciale. Nous ne comprenions pas ce que «partie» voulait dire. Elle clarifia: «elle est morte!» Wow! Non seulement mes hormones étaient au plafond, mais je suis de nature une fille extrêmement sensible. Je m'effondrai en larmes et maman, comme à son habitude, sans émotion.

Les funérailles furent très difficiles pour moi. Je devais m'habiller de façon à camoufler ma grossesse, car personne ne le savait; pas même grand-maman. J'étais par contre certaine que les gens avaient remarqué.

Certains membres de la famille pensaient à la fortune de ma grand-mère et qui allait toucher l'héritage. Elle avait travaillé très dur et était une honorable femme d'affaires. C'était éprouvant pour maman de voir sa famille se battre ainsi pendant qu'elle souffrait.

Bien que c'était un moment douloureux pour ma mère et moi, c'était aussi une bénédiction puisque grand-mère allait recevoir de l'argent des assurances. Cela nous a aidées puisqu'elle ne travaillait pas cette époque et elle se demandait encore comment elle allait faire pour prendre soin de nous.

Ma maman me donna 15 000$ afin que je puisse partir du bon pied avec mon nouveau-né et j'avais une toute nouvelle chambre pour ma fille. À l'époque, on n'était pas encore certains du sexe, mais le médecin doutait que c'était peut-être un garçon parce qu'elle croyait avoir vu quelque chose entre les deux cuisses.

Maman avait payé un an de loyer dans le logement où j'habitais. Le décor de mon logement était magnifique et luxueux et il y avait des miroirs partout. On aurait dit la chambre d'une reine d'Égypte. Maman avait acheté le berceau et la literie de ma fille. J'étais vraiment bien préparée et très reconnaissante. C'était un si beau geste. Comment ne pas admirer cette femme?

Alors que je m'approchai de la fin de ma grossesse, mon ventre prit une forme étrange et j'avais très mal. Je ne trouvais pas cela normal et maman aussi était de cet avis. Je décidai de me rendre à l'hôpital. Effectivement, à l'échographie, on pouvait s'apercevoir que le bébé était en position de siège. Bien sûr, je n'y comprenais rien, mais maman s'affolait. Il fallait donc essayer de replacer bébé afin que j'accouche normalement. Si jamais c'était impossible, ma grossesse serait provoquée. Une semaine plus tard, grâce au ciel, bébé décida de se replacer. J'étais encore inquiète malgré tout, car à dix mois, je n'avais toujours pas accouché.

Je n'étais plus capable. Ce ventre pesait une tonne! Un soir, ma cousine organisait son anniversaire, elle me demanda si je voulais venir. Comme je me sentais en pleine forme, j'acceptai.

Sur les lieux, je commençai à avoir encore mal au bas du ventre. J'étais avec une de mes amies. Elle me regardait et trouvait que je n'étais pas tout à fait normal. Je décidai de me rendre aux toilettes.

Une eau chaude et limpide coulait entre mes jambes et jeune comprenais pas ce qui m'arrivait. Je croyais au final que tout était normal et que je venais probablement d'uriner comme un jet. J'avise mon amie de ce petit incident.

Au même moment, mon amie s'est affolée et s'est mise a crier:

«Oh mon Dieu, Patricia va accoucher!» C'était de la folie. Ils arrêtèrent la petite fête. J'étais embarrassée. Les douleurs terribles commençaient. Je croyais que la sensation serait comme des crampes menstruelles cent fois pires, mais non; c'était plutôt inexplicable. Nous partions sur le champ chez moi. Maman paniquée me reprocha d'être sortie à 41 semaines de grossesse. Elle appela les ambulanciers, mais puisqu'ils prenaient un temps fou à arriver, nous avions dû prendre un taxi. Le chauffeur me rendait encore plus nerveuse, car il était stressé à la folie et maman lui demandait d'aller plus vite. Il affirmait devoir avertir les policiers afin qu'ils puissent le laisser brûler les feux rouges. Des policiers s'approchèrent et demandèrent si on avait besoin d'aide.

«Monsieur, qu'est-ce que je peux faire pour vous», dit un d'eux.

«La madame va trancher! (une expression en créole haïtien expliquant qu'une femme est sur le point d'accoucher)»

Les policiers n'y comprenaient rien et maman s'écria énervée:

«Imbécile! Non... C'est qu'elle va accoucher Monsieur l'agent».

Les policiers se précipitèrent immédiatement et assistèrent le chauffeur de taxi afin qu'ils puissent brûler les feux rouges. Il y avait quatre voitures de police. On se croirait dans une scène de film d'action. Ma copine à côté tout excitée, moi qui souffrais et ma maman complètement énervée par le chauffeur de taxi, ma copine, les policiers et leur sirène. Nous nous dirigions vers l'Hôpital Santa Cabrini. Arrivée là, on m'installa, mais il n'y avait pas de gynécologue qui puisse m'accoucher, mais plutôt une stagiaire. J'ai refusé et insisté immédiatement à être transporté à mon hôpital.

On me transporta à Maisonneuve-Rosemont. Je souffrais toujours autant. Ma cousine était présente et accompagnée. Il y avait un étranger. Le monsieur s'évanouit. Les infirmières se demandaient si c'est le papa de mon enfant et je leur répondis que non. Ma cousine expliqua que c'était quelqu'un qu'elle avait arrêté dans la rue afin de venir nous rejoindre.

On dirigea le monsieur à l'extérieur de la salle et comme si ça ne pouvait pas être pire, une infirmière pas très gentille me donnait des massages dans le bain-tourbillon et me jugeait en se demandant comment j'avais pu tomber enceinte à l'âge de 17 ans. Elle était si méchante! Mais j'avais trop mal pour lui répondre. On me donna la péridurale, mais étrangement, je ne sentais qu'un côté de ma jambe. C'était ma première expérience. Maman devait rester avec ma petite sœur donc elle ne pouvait pas rester avec moi dans la salle. Elle était donc sortie.

Je n'avais plus d'énergie. Je n'arrivais plus à pousser. Mon docteur me demanda de faire un effort sinon ils n'auraient pas le choix d'utiliser des ventouses afin de sortir le bébé.

«Patricia donne un bon coup de toutes tes forces. Il faut que tu pousses!»

Et je poussais tout en criant.L'infirmière très méchante me demanda d'arrêter de crier. Je m'exclamais de plus belle en hurlant que j'avais mal.

C'est avec ce dernier effort que Chelsea arriva au monde.

Je fis le saut, car je m'attendais à un garçon malgré les doutes. De plus, elle ressemblait drôlement à ma grand-mère maternelle, donc j'étais dans tous mes états.

J'ai pu joindre son père un peu plus tard. Je sais qu'il n'avait que 18 ans et moi 17. Ce n'était pas du tout évident pour nous deux. C'était un choc aussi bien pour lui que pour moi. Nous étions quand même extrêmement contents de sa naissance.

Malheureusement aucun membre de ma famille n'était présent. Il n'y avait que maman. Elle ne m'abandonnait jamais.

# Chapitre 8

## *C'Est Assez!*

À un moment de ma vie, je consommais beaucoup d'exctasy. Je voulais trouver un moyen de mourir et de ne plus revivre mes cauchemars avec les hommes. Malgré tout, Chelsea a été un des plus beaux événements que Dieu m'avait permis de vivre. Mettre un enfant au monde est un acte d'une puissance incomparable. Je n'aurais jamais cru qu'il m'était possible de vivre une chose aussi merveilleuse.

Être mère m'a appris à me débrouiller et à connaître tout ce qu'un parent à besoin afin de s'occuper de son enfant. Cela m'a également enseigné à être plus responsable et j'ai découvert toutes les façons de la protéger et à me battre pour elle. Mon copain et moi avions tous deux lâché les cours et étions sans emploi. J'avais recours à l'assistance sociale et ce n'était toujours pas suffisant.

Lorsque nous faisons face à un stress financier, les responsabilités et le regard des adultes et des amis se rajoutent malheureusement. L'effet domino continue. Ma fille n'était pas un bébé difficile, après 3 semaines elle faisait déjà ses nuits.

La tension commençait à prendre de plus grandes proportions entre son père et moi. Je n'avais pas le support de ma famille ni de la sienne. Je n'avais que maman. D'ailleurs je trouvais qu'elle en faisait beaucoup trop et ce n'était pas évident non plus pour elle. Elle devait elle-même s'occuper de ma sœur qui n'avait que 2 ans.

Pour ma famille paternelle, je n'existais plus. J'étais un échec à leurs yeux. Ils ne voulaient pas que leurs enfants m'adressent la parole par peur que je ne les influence. Mais jamais je n'aurais fait une telle chose, car, je réalisais à quel point je souffrais. Ils n'étaient pas au courant de tout ce qui se passait, puisqu'ils ne faisaient pas partie de ma vie.

Ce qui me faisait le plus mal était d'apprendre que le jumeau de mon père, que je croyais le plus proche, était celui qui tenait à séparer mes cousins et cousines de moi. J'étais devenue le mouton noir de la famille. J'avais donné naissance à 17 ans et je n'avais pas terminé mes études. Pour ma famille, l'éducation était extrêmement importante. C'était comme un passeport d'identité. Pourtant, ce n'était qu'un détail. Je ne vous dis pas que poursuivre les études est une mauvaise chose, mais à l'école, on ne nous enseigne pas l'entrepreneuriat et on ne nous montre pas non plus les risques d'être esclave du système. Mes grands-parents étaient entrepreneurs en Haïti dans la ville de Jérémie. Ma grand-mère était dans l'industrie du rhum et mon grand-père, le café.

Bien souvent, les gens ont cette volonté d'image parfaite afin de bien paraître devant la société. Pour ma part, cela n'avait aucune importance. Je venais d'une famille aisée, mais elle était également brisée. Alors l'image parfaite, pour moi, n'existait pas.

J'étais la seule personne présente pour me protéger. Le père de ma fille me battait de façon encore plus intense. C'était plus facile pour lui de m'attaquer puisque mon père n'était pas présent dans ma vie.

Ce cauchemar a duré neuf ans. Je vous en parlerai plus en détail dans mon prochain livre. Il portera sur les cycles de mes relations amoureuses avec les hommes.

Quitter le père de ma fille a été le plus gros défi de ma vie. Je me disais qu'il allait vouloir de moi maintenant que j'avais un enfant. Mais c'était le lavage de cerveau de Trench. Il me répétait souvent cette phrase.

Il me disait cela pour que je puisse rester piégée avec lui jusqu'à la fin de ses jours. Mais je ne pouvais plus supporter les coups, les mots irrespectueux et les menaces de mort. La honte et la peur m'envahissaient et me poussaient à nouveau vers le suicide. Je voulais fuir cette situation.

Un jour, je pris la courageuse décision que c'était assez. Je ne pouvais plus exposer ma fille ce genre de vie. Je n'étais pas la mère et la petite amie parfaite. J'avais mes défauts, mais un homme ne devrait jamais frapper une femme, peu importe la situation.

Pendant ces neuf longues années, j'avais déjà déménagé plusieurs fois afin de fuir ce bourreau. On finissait toujours par reprendre et le cycle se répétait.

Après mon accouchement, Trench et moi avions eu une très grosse dispute. Je ne voulais pas qu'il entre à la maison parce que je sentais qu'il était très agressif. Il est passé par l'arrière de mon appartement en m'exigeant d'ouvrir la porte. Maman était assise près de la table avec ma petite sœur qui avait alors deux ans. Elle regardait la scène. Ma fille ne comprenait pas pourquoi son père était à l'extérieur. Il donnait des coups de pied sur la porte et s'est placé près de la cuisine pour briser la vitre. Chelsea eut tellement peur, qu'elle a couru en direction de la table et s'est cognée la tête.

Le propriétaire était furieux de cette situation alors, il me mit à la porte de mon appartement. J'ai habité chez une amie qui était comme une grande sœur pour moi. J'étais très impressionnée par le luxe de son appartement. Je me disais même qu'à son âge j'aimerais être comme elle. À 18 ans, nous sommes à la recherche de notre identité. J'adorais son appartement et ses beaux meubles. Son style vestimentaire était incroyable. Je lui demandais ce que je pouvais faire pour avoir une aussi belle vie.

Je me demande encore pourquoi j'étais impressionnée alors que grand-mère et maman avaient également des goûts luxueux; de belles grandes maisons et les plus beaux vêtements. Je crois que j'étais dans le moment présent et je n'avais pas encore compris d'où je venais réellement et qui j'étais.

Les amis que j'avais à l'époque n'étaient pas vraiment une bonne source d'inspiration. On n'avait pas eu la même éducation. Mais tout le monde cherchait une façon de s'en sortir surtout quand nous vivions dans le ghetto.

Je voyais que mon amie avait de l'argent et je posais énormément de questions sur sa provenance. Je désirais en avoir autant afin que je puisse m'occuper de ma fille. Son père ne m'aidait pas trop financièrement. C'est alors qu'elle m'annonça qu'elle travaillait dans les bars de danseuses nues.

« Patricia c'est très facile. Tu aimes danser non? Je sais que tu es une fille qui aimait beaucoup danser à l'école. Alors ça ne devrait pas être compliqué pour toi. Tu sais c'est la même chose. C'est juste que tu es habillée en sous-vêtement» me dit-elle. Par contre, elle me conseilla de faire très attention:

«Sois prudente Pat. Ce n'est pas tout à fait ce que tu penses. C'est de l'argent facile et tu peux rester accrochée. Ça pourrait être très dangereux. Il y a du monde de tout genre dans ce milieu et tu n'as que 18 ans. Ce n'est pas parce que tu es une maman que tu connais tout de la vie.» Rajouta-t-elle.

«Non, non! Je n'irai que deux soirs, le temps d'arranger mes finances et de m'organiser. J'aimerais retourner aux études pour être travailleuse sociale et mieux m'occuper de Chelsea». Je lui répondais avec assurance.

«Tu veux vraiment faire ça, ok! Il n'y a pas de problème. Je peux te donner des vêtements et des souliers.»

Effectivement, je décidai d'expérimenter. Une des pires expériences enrichissantes de toute ma vie. C'est surprenant, mais j'y ai appris beaucoup de choses. C'est ainsi que j'ai développé mon côté entrepreneur. Lorsque je travaillais, je vendais en même temps aux filles de la lingerie et des costumes de spectacles.

Cette expérience me permettait d'étudier toutes sortes de personnalités. Je n'avais pas de baccalauréat en psychologie, mais en me retrouvant parmi tout ce monde, c'était pour moi un enseignement.

Je pouvais gérer le stress dans les moments les plus dangereux. On a déjà pointé une arme à feu sur moi. Je me considère même très chanceuse de ne pas avoir été tuée comme une de mes amies.

D'ailleurs, ma copine et moi avions déjà été enfermées dans un bar. Et malheureusement, cette amie s'est fait violer dans ce bar, alors que j'étais à quelques mètres de sa chambre. Certains hommes plus âgés profitaient de ma vulnérabilité et me piégeaient pour de grosses sommes d'argent.

La dépendance à l'alcool me rendait agressive. Je n'aimais pas qu'on me touche. Tout ça me rappelait mes abus sexuels et j'avais la sensation de me battre avec mes démons tous les jours. C'est ainsi que je me suis mise à consommer de l'ecstasy afin d'être plus détendue. Parfois, je pouvais passer des mois à ne pas aller travailler, mais aussitôt que je manquais d'argent, il fallait que j'y retourne. C'était comme une vraie drogue.

J'avais heureusement des anges gardiens et des messagers. Je faisais également de belles rencontres. Certains hommes voyaient le potentiel et le charisme que je pouvais utiliser sans être dans ce milieu. Ils me conseillaient. Certains de ces hommes qui tombaient sous mon charme pouvaient venir me voir pendant une semaine et à la fin, je réalisais que je venais de me faire 5000$. Ils étaient attirés par ma lumière. Mais je ne pouvais pas le réaliser. Je sombrais dans les ténèbres. Je ne voyais absolument rien; tout était noir.

Ma beauté était une bénédiction financièrement parlant, mais elle pouvait également être une malédiction dans certaines circonstances. Il y a un statut à posséder pour rentrer dans certains bars haut de gamme et moi je rentrais presque partout.

J'ai voyagé à travers le Canada et les États-Unis pour travailler dans plusieurs lieux où se trouvaient des hommes riches, des hommes d'affaires, des touristes afin de me faire le plus d'argent possible. Il fallait que je m'occupe de ma fille et je désirais faire des économies afin de partir vivre dans une autre ville. Je pouvais ainsi me sauver des abus physiques de Trench.

Ça me rappelait les voyages avec maman et je fuyais aussi mes problèmes. C'était extrêmement dangereux, mais l'adrénaline me permettait de tout affronter.

Imaginez-vous que lorsque j'ai commencé, Trench n'était

pas au courant. Néanmoins, dans le ghetto, un secret ne reste pas pour longtemps dans le silence et il l'avait appris. Ça n'aida pas du tout notre relation bien au contraire, les problèmes ont pris de plus grandes proportions. Si j'entrais beaucoup d'argent dans la maison, il se demandait si j'avais couché avec des hommes. Et si toutefois j'en avais moins, il se fâchait parce que les couches, le loyer et l'épicerie n'allaient pas se payer seuls.

Pour moi, les bars furent une échappatoire. Je pouvais écouter de la musique qui était ma thérapie. Je voyais des gens et j'avais de très agréables discussions. J'arrivais à fabriquer mes propres moments de plaisir. J'aimais cette partie de moi; mon alter ego Alicia.

Mais arrivée à la maison, ce n'était pas rose. Si je ne travaillais pas, j'étais enfermée à la maison avec ma fille. Je ne pouvais pas voir mes amis ni même sortir m'amuser en leur compagnie. Trench était trop jaloux et possessif. C'était une vraie prison. Son amour pour moi était devenu une obsession. Oui, il avait ses qualités. Il pouvait être serviable, attentionné, il s'occupait de tout à la maison et faisait même la cuisine.

Toutefois, lorsqu'il devenait violent, c'était terrifiant. Je me sens même bénie d'être en vie. Parfois il me disait: «pourquoi je n'arrive pas à te tuer?» La peur me rongeait, mais je la combattais depuis ma tendre enfance maintenant et j'avais appris à me servir de cette force intérieure qui me soulageait et m'aidait à aller de l'avant.

Quelques mois plus tard, je tombai de nouveau enceinte,

mais je ne voulais absolument pas garder le bébé. J'avais déjà ma fille de deux ans et il n'était nulle question d'ajouter qui que ce soit à cette relation toxique. Trench insistait pour qu'on le garde. Il voulait avoir encore plus d'emprise sur moi, j'imagine, mais je décidai tout de même d'avorter. J'avais des crampes comparables à des coups de poignard. J'avais simplement pensé que c'était une réaction à la dispute entre Trench et son voisin. Il avait tenté de le poignarder.

«Oh mon Dieu, c'est impossible que j'aie mal à ce point, Trench on va à l'hôpital.»

Arrivée à l'hôpital, le médecin me fit passer des échographies. Mauvaise nouvelle, on y voyait un trou, près de mes intestins vers la gauche. Par contre, ils n'arrivaient pas à voir ce que c'était. Ils procédèrent donc à une intervention chirurgicale.

Lorsque j'entrai dans la salle de chirurgie, j'étais effrayée. Les lumières m'aveuglaient et j'étais stressée juste à l'idée de passer sous le bistouri.

«Prenez une grande inspiration et expirez Patricia», me dit le chirurgien juste avant de tomber dans un profond sommeil.

À mon réveil, c'était encore très douloureux et je n'arrivais plus à bouger. C'était traumatisant d'avoir le ventre broché et de voir un pansement ensanglanté, qu'on m'avait placé après l'intervention; m'inquiétait.

Le médecin m'apprit que mon utérus avait été perforé suite à la l'interruption de grossesse qui avait mal tourné. Ils avaient procédé à deux opérations; dont l'une au niveau du nombril et par la suite, au bas du ventre afin d'approfondir les recherches de ce qu'ils avaient remarqué pendant l'échographie.

Pendant un mois, je devais rester au repos. Donc, entre-temps, Trench devait trouver un moyen de subvenir à nos besoins. Deux mois après mon intervention, je cherchais des programmes afin de m'aider à la recherche d'emploi.

Je trouvai un emploi, mais je pris la décision de démissionner. Malheureusement, je ressentais encore de la douleur suite à mon opération qui m'empêchait de fonctionner normalement. Nous ne pouvions plus payer le logement et avions maintenant déménagé dans un quartier très défavorisé. Le prix des logements était modique, mais le secteur avait énormément de toxicomanes. J'avais quand même appris à vivre dans cet environnement malsain.

C'est aussi l'endroit où Trench a commencé à avoir plus d'intérêts pour l'argent et le pouvoir. Par contre, il ne voulait plus que je travaille dans les bars, car c'était trop dangereux. J'avais l'impression qu'il se rendait compte que c'était le temps qu'il prenne ses responsabilités. À l'époque, je payais toutes les factures, le loyer et l'épicerie; mais ma condition de santé ne me permettait plus de me débrouiller comme avant. Je n'étais pas soutenue par ma famille et même si maman avait toujours été présente, je ne voulais pas la presser comme un citron. Elle devait s'occuper de ma petite sœur et n'avait pas d'aide non plus. De son côté,

Trench était dans la même galère. Il était pourtant un homme très travaillant, mais il voulait vivre la vie facile et rapide. Trench rêvait de faire partie d'un grand cartel, comme dans le film de *Scarface*. Il ne voyait pas que notre vie de famille était plus importante que cette vie dangereuse.

J'étais entre temps retournée aux études, car je voulais être travailleuse sociale, mais ce n'était pas évident. Imaginez-vous que Trench faisait ses transactions à partir de notre foyer familial. Les toxicomanes venaient sonner toutes les heures pour se procurer leur consommation de crack. Nous ne pouvions même pas avoir un sommeil bien équilibré.

J'étais souvent en retard à l'école et je maigrissais à vue d'œil. Si vous saviez toutes les horreurs et histoires que j'ai vues! Je me faisais également poursuivre par les toxicomanes. Les gens se faisaient poignarder devant moi. C'était effrayant!

Avoir une vie aussi mouvementée à 20 ans permet de se remettre en question. Ce n'étaient pas les valeurs que maman m'avait inculquées. Je commençais à comprendre pourquoi mon oncle me réprimandait à propos de Trench. Il ne voulait pas que je me retrouve coincée dans de telles conditions.

Et un jour, alors que je prenais des cours dans un programme à l'école, ma fille devait être à la garderie, mais, elle est restée à la maison avec son père, car, elle ne sentait pas très bien. Un toxicomane sonna à la porte, mais Trench était complètement achevé par la fatigue, alors il n'entendait rien. Un des toxicomanes entra dans la chambre:

«Trench, Trench, réveille-toi c'est moi.» cria le toxicomane.

«Qu'est-ce que tu fais là! Qui t'a ouvert la porte?» dit Trench d'un ton très surpris en se réveillant d'un coup.

«C'est ta petite fille, elle criait maman.»

Ce monsieur était différent des autres. Il était gentil, mais la situation aurait pu être catastrophique. Et si cet homme avait été un taré? Vous savez que ces toxicomanes ne sont pas tous lucides en raison de l'effet de la drogue. Et pourquoi tout ce danger? Pour de l'argent! Ce mode de vie devait s'arrêter. Il n'était plus question de mettre ma vie ainsi que celle de ma fille en danger. Je devais trouver un moyen de sortir de cet enfer. Ça m'attristait aussi de voir la vie de ces gens détruits par cette merde. Et je me sentais dans un certain sens coupable, car je profitais de cet argent. Déménager de ce quartier était donc devenu notre prochaine décision. Par contre, c'est comme si nous avions été touchés par une malédiction. Trench s'était fait voler toute sa marchandise et il devait recommencer à zéro.

Le stress du manque d'argent commençait à nous affecter de nouveau. Lorsque nous sommes habitués à avoir un style de vie et à avoir de gros montants d'argent rapidement, il est difficile de se défaire de cette idée. C'est un cercle vicieux; alors c'est plus facile d'aller chercher les moyens rapides.

On pouvait ressentir la tension dans toute la maison, car j'étais retournée travailler dans les bars. Je savais pourtant que ça allait créer des disputes puisque Trench était très possessif et n'aimait pas du tout ce métier. Je le comprenais, mais j'en avais besoin et j'éprouvais beaucoup de difficultés à garder un emploi. L'autorité des superviseurs, ce n'était pas possible pour moi, car j'ai toujours été une fille très têtue et également une leader de nature.

Comme chaque chose à son prix, sa violence devenait de plus en plus intense. Lors de l'une de nos disputes, je préparais mon sac pour aller travailler et ma fille dormait sur le divan.

«Bon là, tu vas encore rencontrer d'autres hommes, en plus tu vas travailler avec ta copine que je déteste, tu es juste une pute.»

«Écoute, nous n'avons pas le choix. L'argent doit rentrer dans cette maison. Comment on va faire pour payer la garderie, le loyer et l'électricité? As-tu une meilleure solution?»

«Y'a pas de problème, je vais briser la voiture de ton chauffeur, c'est tout.»

«Okay, mais c'est toi qui vas juste te faire arrêter et tu vas rentrer à nouveau en prison.»

Trench me fixa d'un air très furieux et m'asséna une de ses gifles, suivie d'une rafale de coups de poing. Il voyait tellement noir qu'il ne réalisait même pas que sa fille se trouvait juste à côté de moi et elle reçut aussi un coup à l'œil. Elle se réveilla traumatisée et se mit à pleurer, car elle était effrayée.

C'était à mon tour de voir tout noir. La maman ourse qui se réveillait en moi se précipita pour ouvrir les tiroirs de la cuisine et y sortir un couteau tranchant.

«Ne t'approche plus de nous. J'en ai marre que tu me prends pour ton punching bag et que ma fille est exposée à cela.»

Pendant ce temps, mon téléphone sonna. C'était maman. Elle entendit les pleurs et elle paniquait.

« Mais qu'est-ce qui se passe Pat, pourquoi Chelsea pleure fort comme ça?»

«Il m'a encore frappé et elle a reçu un coup pendant qu'elle dormait. Présentement, je tiens un couteau et je ne lui laisserai plus la chance de me toucher ni moi ni mon bébé. Je n'en peux plus!»

«Patou, calme-toi. Appelle la police et j'arrive!», me dit maman.

La police l'embarqua et quelques jours plus tard, il me suppliait de retourner à la maison. Oui, il faisait encore des excuses et des promesses à n'en plus finir.

Je vous le dis, j'en avais assez de cette vie. J'avais l'impression qu'aucune issue de secours n'était possible à l'exception de mettre fin à mes jours.

Maman me rendait souvent visite après cet incident. Son instinct maternel était très fort. Un après-midi, alors que j'étais mentalement épuisée, c'était enfin le moment de repasser à l'action. J'habitais au dernier étage d'un triplex.

« C'est la fin de mon aventure, je suis fatiguée!»

Je me précipitai pour me jeter du haut de mon balcon, mais au moment où j'arrivais à l'acte, maman m'avait déjà entendu.

«Trench vite, vient m'aider, Patricia va essayer de se jeter du haut de l'immeuble.» et ils arrivèrent à m'attraper par les jambes.

Maman a toujours été ma mentore et ma source d'inspirations. Elle me dit:

«Tu dois garder espoir Patricia. La vie n'est pas toujours rose, mais tu dois continuer à te battre. Il y a toujours une lumière au bout du tunnel. Tu as le droit de ne pas être heureuse. Mais lâche prise et réfléchis à ce qui compte réellement pour toi. Tu n'es plus seule. Tu as ta fille qui compte sur toi. Lorsque ton père est décédé, je n'avais pas le choix de continuer et de m'accrocher à la vie, car je devais être là pour toi.»

Je méditai sur la morale de maman. Je réalisai que pendant plusieurs années, je ne faisais que fuir et je déménageais chaque année afin de trouver un nouveau sens à ma vie. Ma fille ne restait jamais dans une même école pour plus de deux années consécutives. C'était donc très difficile pour elle de s'intégrer et d'avoir des amis. Et que dire de toutes ces scènes de violence dont elle était témoin constamment! Elle était devenue très renfermée.

Il fallait vraiment que je pense à elle et je ne voulais plus qu'elle soit exposée à cette vie tumultueuse. Je mis enfin fin à cette relation toxique. J'avais tout laissé derrière moi afin de repartir à zéro. Jamais je n'aurais pensé avoir une telle force. Ce sont des expériences de vie qui m'ont fortifiée énormément et j'ai beaucoup appris sur ma personne. Elles m'ont aussi forcée à confronter ces épreuves néfastes et à accepter de faire des sacrifices afin de reconnaître ma valeur. J'étais consciente de cette lumière qui m'habitait.

J'étais enfin libre et tu le peux toi aussi. Je sais que ce n'est pas facile. Les affirmations que je me répétais constamment et les questions que je me posais m'ont guidée pour la prochaine étape de ma vie. J'avais le droit d'être heureuse et j'avais besoin de ma tranquillité d'esprit. Rien ne m'obligeait à mener cette vie toxique. La décision était entre mes mains maintenant.Ceci s'applique également pour toi. Si tu ne te sens pas à l'aise dans une situation et que tu remarques des drapeaux rouges; arrête de les collectionner et fie-toi à ton intuition. Elle ne te décevra jamais.

# Chapitre 9

## *Libre comme un Oiseau*

QUELLE UNIQUE SENSATION! Je pouvais enfin faire ce que je voulais. Je pouvais voir mes amis, faire des sorties, rencontrer des gens et être libre. Mon devoir de mère était de lui montrer l'exemple. Ma fille, malgré son jeune âge, devait comprendre qu'un homme ne devrait jamais traiter une femme de cette façon. J'avais pris la meilleure décision.

Mais, hélas, les démons me suivaient encore. Je croyais qu'en laissant le père de ma fille, les épreuves de ma vie se seraient résolues. La vie me mit de nouveau à l'épreuve. Cette fois-ci, j'étais moi-même ce démon. J'avais eu beaucoup d'expérience avec les hommes et je me cherchais encore, mais pas de la bonne manière. On m'a même déjà kidnappée, car, j'étais trop naïve. Grâce à Dieu, ma maman très soucieuse m'a encore sauvée de ces kidnappeurs, sinon je me serais fort probablement mise à nouveau dans de beaux draps.

Je continuais une partie de moi, mon trésor aux hommes. Je ne pouvais pas voir l'importance de cette énergie que je devais protéger. Je n'arrivais pas à comprendre pourquoi j'étais autant attirée par les hommes. Je n'aimais pourtant pas le trouble. J'ai toujours apprécié les beaux grands gars sportifs et difficiles à séduire. Ils m'allumaient beaucoup, surtout au secondaire. J'adorais les breakdancers danser et les garçons populaires. Je trouvais que toute cette assurance leur donnait un charme particulier. Mais le côté *fuckboy-player* et le pervers narcissique m'attirait également malheureusement. Est-ce parce que je n'avais jamais encore vécu le vrai amour?

J'imagine que c'est un peu comme la loi de la nature. Je crois qu'il est important de passer par ce chemin afin de pouvoir se fortifier et se munir des outils nécessaires. Il s'agit aussi de se contrôler mentalement afin de mieux gérer ses émotions. J'avais tant de questions: qui suis-je? Comment apprendre à m'aimer? Qui mérite mon cœur? Quelle est ma mission de vie?

Pendant les vingt premières années de ma vie, je réalisais que mon langage d'amour était très différent lorsque cela concernait les hommes. Je ressentais un amour profond pour ma mère, ma fille, ma petite sœur, mes cousines et certains amis très proches. Ces personnes étaient bien les seules à me faire ressentir une telle émotion. J'étais prête à tout sacrifier pour elles. Les hommes, c'était une attirance sexuelle. Ça n'allait pas plus loin.

Je crois que la cause de cette attirance était à mes abus

sexuels de jeunesse. Bien qu'horribles, ces circonstances étaient devenues mon premier langage amoureux. Pendant plusieurs années de mon enfance, le premier venait d'une figure paternelle. Le premier amour d'une petite fille est bien souvent son papa. Mon père n'était pas là, mais ce monstre était bien présent. J'avais compris que pour chercher de l'affection, c'était le sexe. Je cherchais la petite Patricia de quatre ans qui se faisait abuser. Je ne l'avais pas laissé derrière. Elle était encore bien présente, même pendant les trente premières années de sa vie.

Aujourd'hui mon corps est un temple sacré. Si je décide de m'ouvrir à quelqu'un, je devrai tout d'abord réfléchir et être consciente des actes qui auront des répercussions. Il est important de vivre le moment présent, mais il est également important d'être sur ses gardes.

C'est pour cette raison que je partage avec toi mon histoire. Il est très important de rester authentique et de s'accepter. Tu as droit à l'erreur et personne n'est parfait; absolument personne. Nous sommes tous nés pêcheurs alors qui es-tu pour juger qui que ce soit? Nous allons tous passer par la mort un jour. Personne n'est éternel sur terre. Ne jugez jamais quelqu'un par la couverture de son livre. Lorsque vous ne savez pas ce qui se trouve à l'intérieur des pages de son histoire. C'est pour cette raison que je n'éprouve aucune honte à vous raconter ma vie aujourd'hui.

N'ayez jamais honte, peu importe la situation, même si on vous pointe du doigt. Les gens ne veulent pas être affichés comme ils sont réellement. Ils portent tous un masque et ont cette image parfaite de la société.

Je me souviendrai toujours de leurs paroles: «Oh, mon dieu qu'est-ce que les gens vont dire si on me voit m'afficher avec Patricia, celle qui n'a pas de père? Elle vient d'un foyer brisé et elle part toujours à l'aventure. Les hommes sont souvent autour d'elle. Ce n'est qu'une perdue de la société. Elle a eu son enfant à 17 ans et elle n'est pas mariée. Elle fréquente des bandits et elle travaille dans les bars...», et j'en passe.

Vous savez, je n'en ai rien à faire, car j'aurais bien aimé les voir dans mes souliers. Je ne crois pas que certaines personnes seraient capables de vivre le tiers de ce que j'ai vécu. On ne donne pas de petits combats aux grands soldats.

Je peux vous dire que les sacrifices que j'ai faits pour ma fille et pour ma mère; je les ai accomplis tout en me battant contre mes démons. Je crois que c'est ce qu'il y a de mieux à faire même lorsque nous sommes au bout du gouffre. Je sais que ce n'est pas facile, mais la vie est faite ainsi. Il faut se battre avant d'avoir sa couronne.

Lorsque j'étais dans ma période noire, je consommais de l'ecstasy au moins trois fois par jour. Je buvais du rhum jusqu'à en être ivre. Mes idées suicidaires devenaient encore plus intenses. Il m'était difficile de faire taire ces petites voix qui essayaient de me convaincre que je n'avais plus besoin de vivre sur cette terre et que je ne servais à rien. Je n'étais qu'une pourriture. J'essaie d'oublier tout ce qui s'était passé dans ma vie; du mystère de la mort de mon papa aux abus sexuels; de la maltraitance des gardiennes aux actes de violence physique de Trench. Et sans oublier, le regard des autres et la déception de ma famille paternelle face à mon rôle de mère adolescence ayant abandonné les études secondaires.

Les moutons se concentrent sur ce que la société projette de l'image parfaite. Mais vous savez quoi, ces gens-là je les emmerde et je n'ai pas honte du tout de mon histoire. Je suis une lionne et non un mouton. Je ne suis pas une brebis qui suit le chemin qu'on lui propose.

Il n'est pas question pour moi de cacher ma belle personnalité ainsi que mes couleurs uniques. Tu devrais en faire autant en lisant ces lignes. Si tu as encore le souffle et l'énergie de rester en vie, c'est que le tout puissant là-haut n'a pas terminé son œuvre sur toi.

Tu sais; c'est ça être un grand soldat! Ce que les gens pensent de toi n'a aucune importance.

C'est très important de s'entourer de gens qui partagent ta vision. Cette société est hypocrite. Tout est une illusion et les gens vont te décourager et vont essayer de te transmettre leurs peurs. N'oublie pas qu'ils sont des moutons et ils suivent le troupeau. Le lion, par contre, prend ses décisions et marche seul. Tu n'es pas tout le monde, tu as une empreinte unique comme chaque autre être humain sur terre. Certaines personnes vont se montrer de façon parfaite, mais elles ne suivent que les règles de cette société. Et lorsque je parle de société, je ne parle pas uniquement des dirigeants de la haute société, du gouvernement, etc. Mais de nous les êtres humains en général.

J'avais compris sans même le savoir que j'étais en train d'acquérir des connaissances et des expériences qui évoquaient ma force de caractère. Mais aujourd'hui, c'est beaucoup plus clair dans ma tête. Il suffit d'être alerte afin de découvrir de belles souffrances et bénédictions. Je vous promets que vous serez mis à l'épreuve afin de passer à la prochaine étape.

Pour en revenir à mon histoire, la période où je me cherchais le plus était une transition. Pour la première fois de ma vie, après ma rupture avec Trench, je me sentais libre de faire ce que je voulais.

Je continuais à expérimenter la vie de jeune maman. Je voulais enfin me reprendre en main. Je décidai de retourner aux études à 25 ans et terminer mon secondaire 5.

J'adorais l'école et je n'avais jamais de difficulté. J'avais repassé des tests de classement pour évaluer mon niveau de compréhension. C'était certain qu'après avoir arrêté plusieurs années, mon cerveau était un peu rouillé, alors on m'avait classée au premier niveau du secondaire; mais au bout de quelques mois, je me rendais déjà au quatrième. J'étais très intelligente.

J'aime les défis. Ils me poussent à voir plus loin et à foncer. Il y avait de beaux garçons dans cette école et je me demandais qui serait ma première conquête.

## Chapitre 10

---

# *L'Amour Rend Faible*

Lorsque je pense à cette école, je me rappelle de beaux souvenirs. Elle était particulière. Je me sentais exactement comme au secondaire pourtant nous étions tous des adultes.

Le matin, je retrouvais mon groupe d'amis à la cafétéria. Je passais d'agréables moments en leur compagnie et nous nous taquinions souvent. Puisque j'avais eu mon enfant à l'adolescence, j'avais l'impression de pouvoir vivre les moments que j'avais manqués. Je crois bien que nous étions tous dans la même situation. Nous revivons ensemble notre jeunesse. C'était un plaisir pour moi. D'enfin m'amuser.

Entre-temps, je tombais sur l'homme le plus séduisant de l'école, Malcolm. Il était un beau grand homme alpha d'un teint basané très musclé et vêtu d'un veston en cuir de style rockstar. Il avait un charisme extraordinaire et était très confiant, mais aussi, très mystérieux. Il était exactement comme je les aime.

Malcolm sortit de son cours et j'étais nerveuse. Mon cœur battait la chamade. Je ne comprenais pas trop ce qui m'arrivait.

Je sais que beaucoup de filles étaient intéressées à lui. C'est la seule chose qui me dérangeait. Je le méprisais afin de jouer à celle qui ne voulait pas de lui, pourtant il me faisait craquer. Un jour, ma collègue d'école me raconta qu'elle eut une aventure avec lui. La façon dont elle parlait de lui devenait très intéressante.

Il m'intriguait et je commençais à trouver sa personnalité encore plus captivante. Jamais je n'aurais prédit que ce coup de foudre se serait concrétisé par une si grande peine d'amour douloureuse. J'étais tombée follement amoureuse de lui.

Quelques mois plus tard, Malcolm, ma copine et moi faisions partie du même cours d'informatique. Sarah lui demanda s'il avait un ami gentil qu'il pourrait me présenter. Il se retourna vers moi et me dit:

« Oui, j'ai un ami. Donne-moi ton numéro de téléphone et je vais lui demander de t'appeler.»

Selon moi, je crois que c'était une tactique afin qu'il puisse avoir mon numéro de téléphone. Éventuellement, j'avais eu quelques rendez-vous avec son ami, mais malheureusement la chimie ne passait pas. Pourtant, il était super généreux, gentleman, poli, mais il y a un truc qui ne passait pas.

Je le trouvais trop prétentieux. Le genre de gars très vantard qui essayait de me surprendre avec les voitures de luxe, son argent, ses diplômes, son condo, etc.

Je me fichais de tout ça. J'avais déjà connu toutes ces choses. Je ne suis pas facile à impressionner. Il ne faut pas oublier que j'avais été une enfant gâtée par une grand-maman qui provenait d'un milieu aisé. Plus qu'il essayait de m'acheter, plus que j'étais désintéressée à lui. Au final, ça n'a pas marché. Donc, Malcolm m'appela pour essayer d'arranger la situation et de voir ce qui n'allait pas, mais sans succès. En discutant, il cherchait à en apprendre plus sur moi et je tentais d'en apprendre davantage sur lui également. Nos conversations étaient si fluides et simples. J'avais l'impression de retrouver mon autre moitié. Nous avions des traumatismes similaires. Nous étions tous deux victimes d'abus sexuels, de trahison, nous avions vécu des vies dangereuses et surtout une dépendance au sexe. Nous avions aussi des familles aristocrates très sévères qui nous jugeaient et rejetaient. La perte de son frère et celle de mon père nous rendaient vulnérables l'un à l'autre et nous arrivions à nous comprendre.

Et un bon jour, Malcolm m'invita chez lui. J'étais encore plus nerveuse que lorsque je le voyais à l'école. Nous nous dirigeons vers le salon et tout à coup, le silence se fit entendre. Nos regards se croisèrent et je pouvais entendre le son de nos respirations qui s'élevaient. Il me prit par le visage et s'avança pour m'embrasser.

Nous passions des moments très intimes pendant deux

jours enfermés chez lui sans se soucier de nos téléphones et de l'extérieur. Nous étions connectés comme si nous étions seuls au monde. Je n'avais jamais ressenti quelque chose d'aussi fort, c'était magique. Mais j'avais peur. Donc, je décidai de ne pas l'appeler pendant plus d'une semaine. J'essayais de l'oublier.

Était-ce une illusion? Étais-je en train de m'attacher à un homme pour les bonnes raisons? Qu'est-ce que l'amour? Le fait qu'il avait vécu les mêmes expériences que moi jouait probablement son rôle dans cette passion que j'avais pour lui. Cela n'était par contre pas suffisant pour prédire que nous serions de bons amants. Je le connaissais à peine et il me faisait déjà tomber. La meilleure décision était de ne plus rentrer en contact avec lui.

Une semaine plus tard, quelqu'un sonna à plusieurs reprises à ma porte.

«Qui sonne à ma porte comme un taré? ... Malcolm! »

J'étais vraiment surprise, mais contente en même temps. Il était tellement beau avec son veston en cuir. Je pouvais apercevoir à travers son chandail moulant ses abdominaux. Il était tout à fait sublime! Ses yeux perçants me donnaient l'impression que je pouvais lire la douleur de son enfance. Tout ça me faisait craquer. Je commençais à me dire: «Patricia, ce n'était pas sur le plan. Il faut l'oublier sinon, ça va devenir dangereux.»

Je pouvais ressentir que cette relation allait devenir

toxique, car nous étions deux personnes passionnées et blessées émotionnellement.

Mais c'est toujours lorsque nous essayons de fuir quelque chose que ce que nous craignons se produit. Et effectivement, c'est à ce moment que tout a commencé.

«Ça va Pat, j'étais chez mon frère et je n'arrêtais pas de penser à toi.»

C'est elle ta fille?

«Hi princess my name is Malcolm, clap in my hand! J'ai une belle petite fille comme toi aussi, tu sais?»

Ce manipulateur m'avait pris par les sentiments. Il avait conquis le cœur de ma fille, donc automatiquement, il m'avait eu. Je n'avais jamais ressenti un amour aussi profond. J'avais l'impression d'être dans un conte de fées. La terre venait d'arrêter de tourner pour moi. Je vivais sur une autre planète. Nous étions très compatibles. Un seul regard échangé et nous arrivions à nous comprendre. Plus j'apprenais à le découvrir, plus je tombais amoureuse de lui. C'était la première fois que j'arrivais à m'exprimer autant avec un homme. Je pouvais être moi-même devant Malcolm et lui de même. Nous pleurions, rions et dormions souvent ensemble; sans pour autant être un couple officiel.

Souvent la nuit, je n'arrivais pas à dormir. Je le surveillais, car il souffrait d'apnée du sommeil. Je me levais le matin pour lui faire un bon déjeuner antillais. Je l'imaginais même comme mon futur mari et père de nos enfants. Puisque je vous dis que j'étais en amour par-dessus la tête!

Un matin, avant de me rendre à l'école, je ne me sentais pas trop bien. J'avais des nausées et je me sentais tout étourdie. Je commençais à penser à la possibilité d'une autre grossesse. Nous étions très actifs, car j'adorais l'affection qu'il me donnait et lui également. J'étais bien enceinte. Je me sentais excitée et super contente; mais également nerveuse et perdue. Comment lui annoncer cette bonne nouvelle? Hélas ma bonne nouvelle n'était pas réciproque. Je sentais qu'il voulait que je le garde, mais il y avait quelque chose de mystérieux. Il manquait un morceau au casse-tête. Que cachait Malcolm? Il ne voulait pas de ce bébé. L'une de mes plus grandes déceptions. Je m'étais déjà fait un film de notre histoire d'amour.

Après cet événement, vous auriez pu croire que notre relation s'est terminée, mais non, je découvris le morceau de casse-tête qu'il manquait. En revenant de voyage, j'étais partie presque un mois en Floride avec ma copine. À mon retour, j'avais très hâte de le revoir. Nous étions allés au cinéma, lui, ma fille et moi. Tout allait bien. Malcolm n'habitait pas avec moi, alors il ne dormait pas toujours chez moi. Il entra alors chez lui et me promit qu'on se reverrait.

Pendant trois jours, je n'avais aucune nouvelle de lui. Je trouvais cela étrange donc, je décidai de me rendre chez lui. Après avoir sonné à plusieurs reprises, je n'avais toujours pas de réponse. Pourtant, je pouvais apercevoir sa voiture. Quelques minutes plus tard, Malcolm ouvrit la porte torse nu avec seulement son sous-vêtement.

Et il me dit sur un ton nerveux:

«Qu'est-ce qu'il y a? Pourquoi tu sonnes comme ça? Je dormais!» me dit- il.

«J'étais inquiète Malcolm. Je n'ai pas de nouvelles de toi ça va faire plusieurs jours.»

«Okay, je vais bien s'il te plaît ne parle pas fort sinon la police va venir. Je viens chez toi tantôt.»

Je le trouvais bizarre, car pendant qu'il me parlait, il sortait de chez lui en essayant de me repousser d'une façon respectueuse. Et voilà qu'une femme sortit enveloppée d'une couverture. Je comprenais qu'elle était nue.

Jamais je n'aurais imaginé le surprendre avec une autre femme. J'étais sous le choc. Je ressentis de la colère mélangée à la déception.«Dégage-toi d'ici», s'écria-t-il en me claquant la porte

J'étais d'une rage folle! Je décidai de briser les vitres de sa voiture avant de rentrer à la maison dans un profond chagrin. Je me sentais tellement idiote et trahie. Je me sentais à nouveau déçue par l'amour. Malcolm arriva quelques minutes après l'incident, mais je n'avais pas voulu l'ouvrir. Maman voulait par contre qu'il s'explique.

«Ce n'est pas ce que tu crois Pat, elle n'avait pas d'endroit où aller. Tu sais que je t'aime. Si tu oses me laisser, je te défigurai le visage avec une lame afin qu'aucun homme ne puisse être avec toi.»

Là j'étais complètement déstabilisée. Je n'y comprenais rien. Comment je pouvais encore me faire manipuler par le sexe et les mots.

Je suis partie pendant un mois à Terre-Neuve pour réfléchir à cette épreuve et me retrouver avec moi-même. À mon retour, je décidai de mettre fin à cette autre relation toxique. Je quittai également Montréal. J'avais vendu toutes mes affaires pour aller vivre à Ottawa avec ma fille, chez ma tante afin de l'oublier et de guérir. C'était bon pour ma santé mentale.

Par contre, ça touchait mon ego de me retrouver à 27 ans, chez la grande sœur de mon père, avec ma fille de 10 ans. J'aime énormément ma famille, mais ce n'était pas toujours évident. Je n'étais pas habituée à vivre avec autant de personnes sous le même toit. De plus ma tante était à fleur de peau, en raison de son divorce. Ce n'était pas le bon moment.

J'avais l'impression que tout me tombait sur la tête. J'avais même eu une grosse querelle avec une de mes cousines. Nous étions très proches. Elle avait partagé toute ma vie personnelle sachant que j'étais déjà perçue comme la mauvaise fille. Elle avait même parlé de mon travail dans les bars. Elle voulait probablement me faire mal paraître, car la famille me voyait déjà comme une dévergondée. Depuis que j'étais tombée enceinte d'un voyou du quartier.

Ça m'avait vraiment fait de la peine. Je n'avais pas besoin de ça. L'homme que j'aimais tendrement venait me me trahir et la maintenant ma cousine. Jamais je n'aurais sali l'image de l'une de mes cousines afin d'assurer mon image. Ce n'était même pas nécessaire. J'étais déjà condamnée par ma famille paternelle alors pourquoi en rajouter?

La tension pouvait être parfois très lourde dans la maison avec ma tante. Elle avait ce dégoût de moi suite à ce que mes cousines avaient exposé à la famille.

Un matin, alors que je pleurais, ma tante m'observa et me dit:

«Qu'est-ce que tu as Pat, pourquoi pleures-tu? Es-tu malade? As-tu le sida?»

J'étais tellement choquée et vexée en même temps de cette question. C'est ainsi qu'elle me voyait. Pour les familles haïtiennes, travailler comme danseuse signifie se prostituer. Ce qui était complètement faux. Au contraire, les femmes peuvent être un support psychologique.

Or, je n'étais pas perçu de la même manière que mes autres cousines. Il fallait que je mérite mes récompenses. Franchement à 27 ans j'avais déjà presque tout appris en étant mère, et vite en plus.

Parfois en ouvrant le coffre à bijoux de ma tante, je me demandais s'ils étaient ce que grand-mère m'avait promis. Je fermais la boîte en étant très nostalgique.

Un soir, ma tante m'appela, car elle avait une surprise à me faire part. Elle employa le même discours que tous les parents:

«Je suis fière de toi. Tu poursuis tes cours afin de rentrer à l'université. J'ai quelque chose pour toi.»

Elle me tendit une belle chaîne en or.

«C'est la chaîne de ton père, il l'avait acheté deux mois

avant sa mort. Je te le donne, car tu le mérites. Tu as fait de beaux efforts.»

J'étais émue, mais également très triste. Je ne comprenais pas pourquoi, après toutes ces années, je devais."mériter" le souvenir de mon père. C'était ridicule!

Mon anxiété recommençait. Ma tante me proposa de consulter le médecin de sa fille puisqu'elle en souffrait également. Il me prescrit des antidépresseurs, mais ma situation n'allait pas mieux. Les effets secondaires augmentaient mon anxiété et également des idées noires. Je n'avais plus le goût de manger, de dormir et de vivre.

Un après-midi, la tristesse devait s'arrêter là. J'ai voulu avaler toutes les pilules du contenant. J'entendis une petite voix me dire «Maman, je suis là. Youpi l'école est finie, j'avais hâte de te voir.» Ça m'a tellement déchirée le cœur d'entendre la voix de ma fille. Je me trouvais tellement égoïste d'avoir pensé à l'abandonner de cette façon.

Neuf mois plus tard, je quittai la maison de ma tante pour me donner une nouvelle chance de reprendre ma vie en main.

J'avais quand même passé des moments inoubliables. Surtout avec ma plus grande cousine, Sandra. Nous avions beaucoup de choses en commun. D'ailleurs, elle m'avait donné énormément de courage lorsque je traversais ma peine d'amour. Elle me guidait avec la prière et la remise en forme.

J'étais prête à retourner à Montréal. Je me sentais enfin guérie. Cette rupture m'a fait comprendre que pour aimer, il fallait que j'apprenne à m'aimer d'abord. Je ne devais pas oublier mon précieux temple à honorer et à conserver.

C'est beau l'amour et chacun d'entre nous avons déjà eu un partenaire toxique, mais complètement aveuglé par ce sentiment. Mais peu importe les expériences vécues, ne fermez pas vos portes et surtout gardez les yeux bien ouverts. La personne qui se trouve sur votre chemin n'est pas forcément celle qui concorde avec votre personnalité. Vos traumatismes ne doivent surtout pas vous piéger.

# Chapitre 11

## La Nouvelle Transition de ma Vie

Un an après mon retour à Montréal, je résidais sur la Rive-Nord de Montréal, dans une banlieue bien tranquille. J'étais bien. Je respirais la paix et j'étais créative. Quel plaisir de décorer mon nouveau chez moi à mon image! Les après-midi, je conduisais et je faisais le tour du quartier pour visiter le voisinage. J'avais même un champion de boxe comme voisin. Ça sentait le succès et les vibrations positives. C'est pendant cette période de ma vie que je découvrais mon côté entrepreneur. En 2011, je commençais ma première entreprise: *Chez Patoutou qui était devenue Chic Diamona Couture*, de la vente de lingerie.

À cette époque, je voyageais souvent en Floride, mais il y avait un endroit qui me fascinait. C'était Miami Beach, le lieu favori des gens riches et célèbres. C'était important pour moi de mettre en pratique la visualisation afin de pousser mes limites.

J'amenai Chelsea avec moi afin qu'on puisse découvrir la ville ensemble. C'était l'un de nos plus beaux voyages et un des plus mémorables.

Nous avions voyagé en bateau sur 5 Star Fish Island Island pour aller voir les maisons des célébrités. Chelsea était émerveillée. J'étais tellement émue de la voir ainsi. Je lui dis:

«Chelsea c'est important de suivre tes rêves comme ça. Tu vas pouvoir également posséder tout ce que tu désires.»

Nous étions très connectées à la mer. C'est la Floride qui m'inspira le nom de ma fille, Chelsea. Car j'aime aussi beaucoup les coquillages. Son nom représente pour moi les bijoux de la mer et elle le porte très bien.

C'était important qu'elle découvre le pays que j'ai si souvent appelé le paradis. Oui, le premier endroit où je me suis sentie libérée de mes abus sexuels. Je m'y évadais lorsque je sentais le besoin de me reconnecter avec la petite Patricia.

J'y étais retournée par la suite pour une opportunité d'affaires. Je me rappelai qu'une de mes copines vivant à Miami allait parfois au Flea Market Usa Miami. On y trouvait des choses très intéressantes.

Je fis la découverte d'un kiosque. C'est là que tout a commencé. Une vieille dame dominicaine à qui s'exprimait à peine en anglais se tenait devant moi. Elle avait des modèles de lingerie très différents de ce que j'avais l'habitude de voir à

Montréal. Ils étaient vraiment originaux. Étant donné que je continuais à travailler dans les bars, j'avais eu la brillante idée d'acheter en gros et de les vendre afin de sortir de ce milieu.

Ça se passait bien. Je faisais énormément de ventes. J'étais très fière de développer mon côté d'entrepreneur dans la vente au détail. Ça me donnait l'espoir de quitter le milieu du fast Life et de devenir la grande femme d'affaires. Je réalisais aussi à quel point j'adorais la Floride.

J'envisageais de m'y installer et de m'installer en Floride pour l'été 2013, afin de rajouter des vêtements stylés pour les femmes afin de me propulser encore pour mon entreprise dans le monde de la Mode. Mon amie regardait les écoles et les logements pas trop loin de chez elle.

La business commençait à bien aller et je faisais des économies afin de me préparer pour mon départ.

Le temps des fêtes arriva. C'était le moment de passer et de créer mes derniers souvenirs avec mes amis proches. Au jour de l'an, nous avions décidé de louer des suites à l'hôtel où nous célébrions la nouvelle année. Pour moi, c'était mon dernier party du Jour de L'An à Montréal, puisque je savais que je planifiais mon départ pour la Floride. Donc, je suis sortie avec une amie d'enfance. Nous étions enfin prêtes à fêter ma dernière nouvelle année 2013 à Montréal. Je me sentais bénie par tous les nouveaux changements dans ma vie. La business allait bien, j'avais ma voiture, mon beau condo et j'étais en train de me remettre sur pied petit à petit. C'était le temps de fêter. Après la célébration du Nouvel An, il y a eu un after party dans la suite d'un champion de boxe très connu à Montréal. Donc, mes amies ont décidé d'aller faire un tour. Moi, je n'étais pas trop intéressée, car je ne voulais pas paraître pour une groupie, mais j'ai décidé quand même de les accompagner.

Arrivée dans la suite de ce boxeur, je trouvais l'ambiance très ennuyante donc, je tournais en rond et j'essayais de mettre de l'ambiance. C'est alors que je rentre dans une pièce en croyant que s'était la toilette, surprise, je tombe sur le boxeur et une femme entrainent de discuter.

Tout à coup, il commença à hurler comme si j'étais une chienne, donc je fis la même chose:

«Tu te prends pour qui? Je ne suis pas une de tes groupies. Tu n'es pas Mike Tyson ou Mayweather.»

Son ami m'attrapa pour essayer de me calmer en me donna un verre de champagne afin de détendre l'atmosphère. Entre-temps, j'aperçus un bel homme hispanique qui m'observait avec le sourire aux lèvres. Je me rapprochai de lui pour commencer à lui parler.

«Je m'appelle Patricia et toi?»

« Moi c'est Didier.»

«Tu as un accent français que j'aime bien, quelles sont tes origines? Es-tu Portoricain?»

Il me répondit sur un ton coquin: «Oui, je suis Portoricain et Africain»

Et moi à cette époque, j'aimais les Latinos puisque je voyageais souvent à Miami. Il faut dire que j'étais un peu pompette aussi, donc je ne voyais plus très clair. Avec le champagne, je me laissais charmer par ce beau Portoricain à l'accent français. Ça faisait différent et je me disais pourquoi ne pas connaître une autre culture que la mienne. Et de toute façon, ce n'était que pour me distraire.

Didier me laisse ses coordonnées et une semaine plus tard, nous avions notre première date .

J'étais très nerveuse et je ne me rappelais même plus à quoi il ressemblait, parce que j'étais saoule. J'étais tout affolée sur la route, car j'étais en retard. Mais lorsque j'aperçus un homme vêtu d'un long manteau noir classique, pas très grand. Était-ce bien l'homme que j'avais rencontré à la suite du boxeur? Cela me semblait impossible. Alors que je descendais de ma voiture, il m'arrêta.

«Bonsoir, Patricia», d'un ton nerveux et incertain. Il avait sûrement remarqué que je ne l'avais pas reconnu. «Ah Didier, ça va? Désolée pour le retard.» J'étais toute nerveuse et le froid n'était pas agréable.

À première vue sans boisson, il n'était pas du tout mon genre celui-là. Je décidai quand même de continuer la soirée afin d'apprendre à le connaître et de ne pas le juger sur l'apparence.

Nous nous dirigeons vers le Steak House. C'était le moment idéal pour connaître Didier.

«Bon papichulo dis-moi, tu viens d'où. Lequel de tes parents est portoricain? Tu as des enfants? Tu as quel âge? Tu travailles dans quel domaine?»

À ma grande surprise, il me répondit avec un air moqueur:

«Aucun des deux, c'était une blague, mais je vois que le champagne a fait effet. Mes deux parents sont métissés, donc je suis Russe, Français et Africain. J'ai 34 ans et j'ai une petite fille de 4 ans. Je suis banquier.»

«À moi aussi, j'ai une fille, elle a 10 ans et demi, je travaille à mon compte et j'ai mon entreprise de lingerie.»

Je trouvais ça très intéressant, le fait qu'il avait un mix de toutes ces nationalités et je trouvais qu'il avait un beau profil pour la société du monde parfait. Cela me plaisait d'entendre qu'il était papa, par contre la différence d'âge me dérangeait un peu. J'avais 28 ans à l'époque et j'avais beaucoup de projets. Mais bon pourquoi ne pas essayer? Et après tout, c'est juste pour me distraire le temps que je m'installe en Floride.

Après le restaurant, Didier m'amena dans un beau chic lounge avec un beau piano rouge au coin de la pièce. Il y avait un beau piano à queue rouge. Il y avait énormément de gens. Nous sommes partis une trentaine de minutes après.

Finalement, ça se termina très bien. Je le trouvais pas mal sympathique et galant. Il me proposa de rester chez lui vu que j'avais bu du vin et il ne voulait pas que je reprenne la route avec ma voiture. J'étais un peu inquiète, car je venais tout juste de le rencontrer, mais je décidai de prendre une chance et de rester. Il n'avait pas tenté de me toucher et cela m'avait rassurée. Le lendemain matin, je suis repartie chez moi. C'est drôle, mais je n'avais pas les papillons que j'avais l'habitude de ressentir lorsque j'étais en présence d'un homme qui me faisait de l'effet. Cependant, il y a quelque chose en lui qui me réconfortait. Je n'étais pas certaine s'il s'agissait de son âge, de sa stabilité, ou de mon cœur meurtri par le chagrin.

Je commençai à mettre en place toutes les hypothèses pour essayer de me convaincre qu'il était probablement un bon partenaire pour mon futur.

Je trouvais même qu'il avait le portfolio parfait pour plaire à ma famille paternelle. Ils ne diront plus que je fréquente que des voyous. Pourtant, j'en avais rencontré aussi des hommes intéressants, mais Didier, je trouvais qu'il avait une touche particulière.

Didier venait d'une famille fortunée et il était très éduqué. Sa mère était autrefois une journaliste et son père, premier ministre de son pays. Il s'exprimait très bien et paraissait bien en public.

Nous continuions à nous voir tous les weekends. C'était la première fois que je partais en voyage avec mon homme. Je rêvais de ce moment de pouvoir partir avec mon partenaire, mais en fait j' essayais de retrouver les mêmes sensations qu'avec la personne qui me manquait réellement, Malcolm.

Ç'a été par ailleurs, les premiers drapeaux rouges qui m'ont fait comprendre que ma relation n'était pas basée sur les bonnes bases de ce que je désirais émotionnellement.

Je réalisais au plus profond de moi que cet homme n'était

pas fait pour moi. La relation était basée sur les nécessités au lieu de ce que je désirais vraiment.

Il était célibataire depuis déjà deux ans, donc je crois qu'il avait le goût de s'amuser et mettre un peu de piquant dans sa vie. Quant à moi, je recherchais de la stabilité. Nous savions que nous étions différents.

Je n'arrivais pas à m'identifier à lui. Je venais d'une maison brisée dès la naissance. J'avais encore de nombreuses questions: suis-je prête à me confier à cette personne qui selon moi ne pourrait pas comprendre mon parcours de vie? Suis-je en train de jouer un rôle puisque je ne peux pas m'épanouir et être authentique?

Quelques semaines après notre date, Didier me demanda d'être sa copine. J'acceptai et je continuai la relation malgré le doute qu'il était toujours présent. Lors d'une fête, il me rejoint avec ses amis et pour la première fois, il rencontra ma fille et ma petite sœur.

Il s'approcha de ma fille et lui dit:

« Tu sais qui je suis, moi c'est Didier, le petit ami de maman.»

Je pouvais voir que ma fille n'était pas à l'aise. Effective-ment, j'avais raison. Elle se confia à ma copine.

Ma copine me dit:

«Pat, Chelsea ne sent pas trop Didier, il lui fait penser à un magicien. Ta sœur non plus ne l'aime pas, mais tu sais qu'elles aimaient beaucoup ton ex Malcom, donc essaie de la donner une chance de s'adapter.»

Je ne vous mentirais pas, la situation me rendait inconfortable. Éventuellement, il a essayé d'être gentil avec ma fille en offrant des cadeaux, mais Didier est une personne très réservée et le côté familial n'était pas sa force. Donc, il n'avait pas vraiment d'interaction avec ma fille à l'époque qui avait 11 ans, pourtant je m'entendais bien avec la sienne.

Parfois, nous faisions des sorties avec les enfants, mais son attention était portée sur sa fille et la mienne n'était pas si importante à ses yeux. Chelsea était quand même une enfant.

Nous avions eu énormément de discussions à propos de ce sujet, mais sans plus. Ça n'a fait que s'amplifier, car Chelsea rentrait vers sa phase de crise d'adolescence et son père n'était pas vraiment présent. Il était souvent en prison. Je ne voulais pas qu'il sache où j'habite. Il avait essayé de me poignarder et de me tuer quelques mois après notre séparation.

Donc je croyais que Didier, les enfants et moi, formerions une belle famille recomposée, mais ce n'était pas le cas. Ça m'attristait que nous ne puissions même pas l'être. Mais, je me rendis compte également que notre relation n'allait nulle part. Ses parents n'habitaient pas au Canada. Ils vivent en Afrique. D'ailleurs, je ne les ai jamais rencontrés. Pourtant, Didier rentrait tous les deux ou trois ans en Afrique. De plus, c'était mon rêve de visiter le continent, mais en même temps j'hésitais. Didier était un homme à femmes et ses histoires d'infidélités avec ses ex-copines me rendaient extrêmement méfiante.

Sa façon d'agir, lorsque nous sortions, me rendait sceptique. Il avait tendance à être charmant avec mes copines, pourtant avec moi il avait de la difficulté à me complimenter.

La façon dont Didier me rabaissait devant ses amis me rendait parfois inquiète. J'étais critiquée sur presque tout ce que je faisais. Tout devait être parfait, comme si nous étions à l'armée. Plus les années avancèrent dans cette relation, moins je trouvais son amour sincère avec moi.

Cela m'étouffait et ma seule façon de me sentir libre était de jouer une double vie. J'avais l'impression d'un déjà vu semblable à la relation que j'avais eu avec le père de ma fille, Trench. Didier n'était pas au courant de cette vie que je menais.

Est-ce que c'était une revanche puisque je ne me sentais pas valorisée dans cette relation? Je me disais que je n'avais probablement pas guéri de mes anciennes expériences toxiques. J'avais peur qu'il me trompe. Alors, comment pourrais-je être prête à partir dans un autre continent puisque je n'étais pas totalement honnête avec lui? Je ne le sentais pas non plus honnête avec moi.

Quel comportement aurait-il lorsque nous serions dans son pays près de sa famille? Personne ne serait là pour me défendre. Malgré tous mes doutes, je continuais cette relation.

Nous étions en couple depuis tout juste un an et Didier fait son premier acte de violence en m'agrippant par la gorge pour m'étrangler. Je n'avais absolument rien compris à ce geste. Je sais qu'il était complètement ivre, car il était sorti et je devais l'accompagner, mais j'ai décidé de sortir avec mes copines. Il n'a pas du tout apprécié le fait que j'étais partie dans un événement avec des amies.

J'étais encore victime de violence conjugale. Il s'est mis à genoux au centre-ville afin que je lui pardonne. Donc, il me prit par les sentiments. J'avais commencé à le taquiner et tout à coup il me poussa très fort vers le bas de son lit.

Je lui pardonnai en pensant que ça ne reproduirait plus et qu'il avait juste un peu bu, mais ça se reproduit à nouveau, lors d'un voyage à Miami. Je n'arrivais pas à comprendre ses sauts d'humeur à l'improviste. Didier est un homme extrêmement nerveux et impatient, donc il fallait presque marcher sur des œufs avec lui. J'avais l'impression que son âme était vide. Pourtant, certaines de ses valeurs et ses qualités me rejoignaient.

Quelques années plus tard, je l'invitai à Ottawa pour la graduation de ma cousine. Je voulais lui présenter à certains membres de ma famille.

Et voilà que ma tante m'embarrassa devant Didier.«Tu vois la belle fête de graduation que j'ai faite pour ma fille? Tu l'auras toi aussi. Dépêche-toi de finir tes études afin qu'on puisse te célébrer.»

J'avais tellement honte. Pourquoi avait-elle choisi ce moment pour me rabaisser devant mon copain?

Arrivée à Montréal, je pris la décision de m'inscrire à l'université UQAM en tant qu'étudiante libre, afin de cumuler des crédits pour pouvoir rentrer éventuellement dans un programme. Je suivis un cours en histoire du jazz, en psychologie de l'adolescence, en sociologie de la femme immigrante et en bouddhisme. Ce fut très intéressant. J'excellais sans difficulté à l'exception de mon cours de bouddhisme. Je décidai d'abandonner pour aller sur le marché du travail en tant que conseillère à la vente, car j'avais mes responsabilités. Didier m'aidait parfois, mais je le trouvais parfois arrogant, donc je préférais me débrouiller seule.

Je commençais à trouver notre relation de plus en plus lourde. Je suis tombée enceinte et il m'a demandé d'avorter. Encore un déjà vu! Je restais là par peur de retomber dans mes mauvaises habitudes comme la consommation de pilules, mes soirées d'une nuit et mes fréquentations malsaines. Didier m'apportait une stabilité, une discipline et la protection paternelle que j'avais toujours recherchée. J'avais même l'impression qu'il se comportait, comme s'il était mon père. Ce n'était pas trop sain.

En hiver 2017, je fis une autre tentative à l'université. Cette fois-ci en commercialisation de la mode. J'avais comme projet d'avoir ma propre boutique. En même temps, je me dis que ma famille allait être contente. Cependant, ça a été pour une courte durée. Je suivais des cours du soir, donc parfois, je n'avais pas le temps de faire à souper. Après la fin de mes cours, je me précipitais en métro pour rentrer vite à la maison afin de préparer le repas. Je ne prenais pas souvent ma voiture puisque j'allais à l'école au centre-ville. Le transport en commun était beaucoup plus rapide.

Arrivée à 10 minutes de chez moi, je décidai de me rendre au dépanneur pour aller acheter du pain. Je traversai la rue et je glissai sur de la glace noire. Alors que je me retrouvais au sol, j'aperçus mon pied complètement tourné à l'envers.

Après celle de l'accouchement, je peux vous assurer que ce fut l'une de mes plus grandes douleurs.

J'ai eu une luxation de la cheville droite. J'ai été opéré et on m'a mis une dizaine de vis et une plaque de 10 cm. Pendant trois mois, je ne pouvais pas y mettre de charge et je devais rester allongée au lit. J'étais emprisonnée dans mon propre corps pendant plusieurs mois.

Didier a été d'une grande aide pendant cette période. Il venait me nettoyer, faisait mon épicerie et préparait le souper. Mais en même temps, c'était très difficile pour ma fille, car elle se faisait intimider à l'école et avait beaucoup de difficulté avec ses études au 4e secondaire.

Chelsea était en pleine crise d'adolescence et il lui arrivait de partir la nuit et de rentrer le lendemain après-midi. Le stress que je vivais était infernal, mais je n'avais pas le choix de me garder motivée et positive. Entre-temps, je cherchais des idées de business afin d'avoir une autre source de revenus. Ça m'a permis de prendre le temps de méditer sur plusieurs sphères de ma vie.

Je réalise que c'était le temps que je prenne mes propres décisions et d'arrêter d'avoir l'approbation des autres; plus précisément ma famille paternelle. Je me suis sacrifiée à essayer de retourner aux études afin de leur plaire. Aucun membre de ma famille ne venait me rendre visite à l'exception de ma cousine. Cela rendait ma convalescence extrêmement difficile.

J'étais encore en béquille trois mois plus tard. Le temps commençait à être très long allongée sur mon lit. Tout d'un coup, j'eus une poussée d'adrénaline qui me motiva à mettre en place toutes sortes d'idées de projets.

Quelques mois, ma cheville était un peu plus en forme donc je lançai une business de conditionnement physique pour femme avec une fille que j'avais rencontré lors d'un événement, pendant le temps des fêtes.

Je trouvais que le courant passait bien jusqu'au jour, où elle décida de poursuivre ses projets en garderie. Ça n'a pas été évident, car je devais maintenant me trouver une autre partenaire d'affaires. Je devais en suite retourner à l'hôpital pour une autre opération afin d'enlever les vis que j'avais à la cheville. La pression de Didier commençait à être lourde sur mes épaules, car il commençait à en avoir assez de s'occuper de moi, de changer ma voiture de place pendant ma convalescence en hiver. Pourtant, il ne voyait pas tous les efforts que je faisais pour être plus indépendante. Je payais mes factures, mon loyer et j'avais même dû envoyer mon auto à la fourrière. Et c'était difficile pour moi aussi de m'adapter à cette nouvelle vie.

Des salaires de 1 000$ en deux semaines me rendaient anxieuse, alors que ma double vie me permettait de rentrer cette somme en deux jours ou parfois même en une journée. Mais je devais fuir ce monde, car ça devenait dangereux et je ne pouvais plus garder ce lourd secret. Je cherchais de l'emploi de bureau en raison de ma condition. Je ne pouvais plus travailler debout. Tout ce que je cherchais ne m'intéressait pas.

J'avais trouvé un poste intéressant dans le monde du voyage. D'ailleurs, en 2008, j'avais suivi un cours comme agent de voyage dans une école et après obtention de mon diplôme, je n'avais pas poursuivi.

Ça allait vraiment avec mon profil. J'adorais voyager, partir à l'aventure ainsi que faire de nouvelles rencontres pour socialiser avec les gens. C'était une bonne façon de me remettre sur pieds.

Je postulai à un poste d'agent dans une des plus grandes compagnies de voyage dans le Sud. Je passai une entrevue et on m'accorda le poste. Ils avaient aimé mon profil.

Le monde du voyage avait été une belle découverte. Je vous dirais même l'une de mes plus belles expériences de ma vie. Mes voyages à travers les Caraïbes m'avaient appris beaucoup sur la vie.

Au travail, lors des présentations de la Jamaïque, je n'avais qu'une idée en tête; voyager. Six mois après mon embauche, je réalisais mon rêve. Je partis pour la Jamaïque. J'avais une profonde connexion avec leurs histoires, leur spiritualité, leur musique et la gastronomie. La joie de vivre des Jamaïcains à travers la musique et la danse me faisait vibrer.

Quel paradis! J'étais émerveillée par ses magnifiques montagnes verdâtres ainsi que l'odeur exotique de la végétation. La mer turquoise m'aveuglait de sa brillance. On aurait pu reconnaître le cristal. Mes fruits exotiques préférés étaient accrochés aux arbres et je pouvais les cueillir moi-même. J'appréciais l'accueil et le sourire de ces gens de l'hôtel où je séjournais. Maintenant que j'avais pu voir cette belle île, c'était le temps d'aller à la source et d'être en contact avec le vrai peuple.

Avant mon départ pour la Jamaïque, j'avais fait mes recherches pour participer à une activité humanitaire. Donc, j'avais trouvé et réservé cette excursion. Je fis la rencontre d'un monsieur originaire de la ville de Négril, nommé Lenbert. Il avait mis toutes ses économies dans un minibus afin de pouvoir aider sa communauté et faire rouler l'économie dans son village West End Road. Le coût de la vie est très cher en Jamaïque et le gouvernement se fiche complètement de cette communauté. Et vous savez, dans ces pays, malheureusement les peuples de la classe pauvre n'ont pas les mêmes privilèges que celles des pays riches comme le Canada, l'Europe et les États-Unis.

Lenbert arriva avec son minibus jaune avec une immense enseigne sur laquelle on pouvait lire: «*One love bus Tour*». J'étais tout excitée.

Il embarqua les touristes et nous expliqua comment la journée allait se dérouler.

«Bonjour à tous, bienvenue au paradis. Nous allons faire

le tour des sept bars locaux de mon village et pour finir, nous nous arrêterons dans le quartier le plus défavorisé de Négril, West End Road ghetto. Je vous encourage si vous avez des donations et des jouets à donner aux enfants, ce serait très apprécié.» dit Lenbert l'hôte de l'excursion.

L'excursion se passa à merveille. J'en profitai pour regarder les petites maisons et les enfants qui couraient après le bus. Je me laissais emporter par la musique et l'animation des groupes dans les bars locaux tout en sirotant un bon rhum punch. Les rastafaris se promenaient en fumant de la marijuana. L'odeur braisée du vrai jerk poulet authentique me donnait l'eau à la bouche et je n'avais pas pu m'empêcher d'aller jusqu'au bout de mon expérience de la culture jamaïcaine.

Je frissonnais tellement je prenais plaisir à me connecter avec le peuple. C'était le temps d'aller voir les enfants et de nous diriger dans le quartier pauvre. Je fais face à une tout autre réalité qui me marquera à jamais. L'un des chocs culturels les plus importants que je n'avais jamais expérimentés. Tout n'était pas si merveilleux. Je descendais du bus avec les jouets et les dons. Un groupe d'enfants se précipitaient et couraient vers moi.

J'étais complètement figée par la réalité et la misère. Les enfants avaient des vêtements déchirés et sales et certains n'avaient pas de chaussures.

Malgré le sourire et l'espoir de ses pauvres mères désespérées qui étaient contentes de nous voir, je pouvais apercevoir à travers leurs yeux, leur souffrance. J'avais peine à y croire. Ça me rappelait ma mère et moi à l'époque que nous étions dans des situations semblables.

Les enfants criaient, pleuraient et me suppliaient en tirant le sac de dons.

«Moi madame svp, donnez-moi un crayon, donnez-moi un dollar. Je vous en supplie.»

Je paniquais et me mis à fondre en larmes. J'avais le cœur brisé. Comment allais-je pouvoir tous les aider? J'étais inconsolable. Les gens du quartier me réconfortaient et moi je me sentais bien pire, car je venais de réaliser à quel point j'étais bénie d'avoir la vie que j'avais malgré toutes mes souffrances.À la fin de l'excursion, je fis une promesse à Lenbert et je lui dis qu'à chaque fois que je viendrai séjourner en Jamaïque, j'apporterai ma contribution et j'amènerai une équipe avec moi.

Cette expérience m'a remis en question sur tous les aspects de ma vie. À mon retour, j'eus un moment de réflexion sur ce que je voulais réellement accomplir.

Financièrement, ça recommençait à mieux aller. Je me lançai dans un projet de maillot de bain. Je trouvais que ça se mariait bien à ma carrière du voyage.

Cependant, Didier avait été congédié après huit ans. Il était énormément bouleversé, car la sécurité financière était extrêmement importante pour lui. Je me suis dit que ça serait le bon moment de passer à la prochaine étape et d'habiter ensemble. Cela m'aurait ainsi permis de voir si c'était l'homme de ma vie. Mais au fond de moi, je savais que ce n'était pas une bonne idée et que ma fille ne serait pas du tout d'accord avec cette décision.

Pourtant, je voulais tellement que notre relation fonctionne, mais je me battais constamment contre mes propres valeurs. La peur est une émotion qui peut paralyser nos décisions.

Un mois avant notre cohabitation, j'étais repartie en Jamaïque avec mes copines. C'était très plaisant. Nous avions pris part à de grands festivals afro-américains et afro-caribéens faisant la promotion de la liberté d'expression. Tous les regards étaient dirigés sur nous tellement que nous brillions. L'un des invités de l'événement se retrouvait juste en arrière de moi et les filles criaient toutes affolées et joyeuses :

«Pat, Pat, retourne-toi, Safaree est derrière toi»

«Hey ça va c'est mon anniversaire!».

Il me prit par la main et commença à danser et s'écria :

«Straight happy birthday!»

Les dirigeants de l'événement aimaient tellement notre énergie qu'ils me contactèrent afin de bâtir une équipe à Montréal et de leur faire de la promotion. Je trouvais que c'était une idée magnifique, surtout avec mon projet de maillots de bain.

Je devais y réfléchir, car je savais que j'allais vivre avec Didier. Je montai donc une équipe et je demandai à Didier d'en faire partie, mais il préférait rester dans l'ombre et me laisser prendre les devants. Nous étions toutes excitées à l'idée de faire l'argent.

Ça avait créé énormément de tension entre Didier et moi, car je passais tant de temps sur ce projet que j'avais laissé de côté mon propre business. Je voyais le potentiel que je pouvais me faire avec ce festival très populaire à travers l'Amérique du Nord et que mes amis pourraient également faire de l'argent.

Cependant, l'équipe n'était pas assez solide pour la vision que certains d'entre nous avaient. Finalement, l'équipe se sépara et la motivation n'était plus là.

Pendant les premiers temps de cohabitation, Didier et moi avions de grosses disputes. J'en avais assez de son arrogance, donc j'avais commencé à sortir mon vrai caractère. Il n'avait jamais connu ce côté de moi et il m'étrangla à nouveau. Cette fois-ci, je fis appel à la police, car je refusais qu'il prenne cela comme habitude. J'avais assez souffert d'abus dans le passé. Je n'allais certainement plus tolérer ces actions plus longtemps.

Il me supplia d'enlever la plainte et je décidai de le faire pour le protéger des vrais criminels qu'il affronterait. Je savais qu'il ne connaissait pas le monde du crime. C'était pour lui donner une leçon afin qu'il ne recommence plus.

Il comprit le message, mais notre relation avait été détruite. Son comportement avec ma fille était plus qu'étrange. Je réalisais qu'il n'appréciait pas ma fille. Parfois, il me disait:

«Est-ce que tu peux lui dire de fermer sa porte, car ses cheveux puent.»

Comment quelqu'un qui a également une fille peut oser parler ainsi? Il connaissait Chelsea depuis ses onze ans. Qu'est-ce qui avait bien pu changer?

Je réalisais que ma fille n'avait jamais connecté avec lui, car il n'était jamais authentique avec elle et moi non plus d'ailleurs, je n'étais pas tout à fait moi-même avec lui. Pendant plusieurs années, je lui ai caché que je continuais à travailler dans les bars.

Puisque je n'étais pas parfaite à ses yeux, je me donnais la permission de continuer à mener cette double vie jusqu'au jour où il me surprendrait. Il payait mon téléphone, donc il avait accès à tous mes contacts. Effectivement, il en a fait la découverte et m'a confrontée. Je lui ai tout avoué. Je me suis excusée, mais cette douleur était trop dure pour qu'il passe par-dessus. Ç'a été pour moi un mal pour un bien, car malgré mon emploi, je ne pouvais m'empêcher d'avoir plus d'argent.

Cependant, j'avais décidé de me sacrifier afin de vivre une vie normale et de trouver d'autres alternatives. Je lui montrais certains de mes projets afin d'avoir son avis, mais Didier était déçu, peu importe ce que je lui disais. Il était tout le temps en désaccord. Il avait toujours un avis négatif. Ce que je disais ne faisait jamais de sens. En fait, même s'il affirmait qu'il m'avait pardonné, cette trahison lui était restée sur le cœur. Nos chicanes devenaient plus fréquentes et son rôle envers ma fille s'était détérioré. Pourtant, elle ne lui avait jamais manqué de respect.

C'était venu me chercher, car un enfant ne vient pas avec un manuel d'apprentissage. Malgré tout, j'avais réussi à lui inculquer certaines valeurs de la vie.

Il avait commencé à être plus froid avec Chelsea, mais il ne le réalisait pas et au lieu d'être une figure paternelle pour elle, j'avais l'impression qu'il la voyait comme une rivale. Il la traitait comme une étrangère. Le fait de ne plus avoir le contrôle de sa sécurité financière le rendait toujours de mauvaise humeur.

Combien de fois fallait-il que je m'excuse? Et je ne désirais plus continuer à faire semblant d'être heureuse dans cette relation qui n'avait jamais été réellement fondée sur les bonnes bases de l'amour de toutes les façons.

En Mars 2020, nous étions en période de pandémie mondiale et confinés pendant des mois. Jamais je n'aurais imaginé que c'était ce qui allait mettre fin à cette longue relation.

Pourrais-je finir mes jours aux côtés de cet homme? Pourquoi se prendre la tête pour des trucs inutiles? Mon amour était-il assez fort pour que je puisse accepter les compromis et baisser mes standards pour lui? Je me posais des questions constamment.

Je ne me reconnaissais plus. Je n'en pouvais plus de ses humeurs changeantes. Son manque de respect envers ma fille fut de trop. Nous étions rendus comme des étrangers à la maison. Ça sentait la fin d'une aventure.

Didier faisait partie d'une transition et je devais le réaliser afin de pouvoir reconnaître mes vraies valeurs. Elles sont les fondements qui guident notre vie. Elles représentent aussi l'importance des émotions qui nous inspirent au quotidien.

Ma relation avec Didier n'était pas inspirante et je pris la décision de mettre fin à cette relation afin de continuer ma mission de vie.

# Chapitre 12

## *Reconnexion*

Dans la vie, notre force, nos convictions et nos relations sont constamment mises à l'épreuve. Nous ne saurons jamais comment réagir à certaines situations tant et aussi longtemps que nous ne les aurons pas vécues. Il pourrait nous arriver de nous questionner sur notre dernier moment. La pandémie m'avait apporté tant de défis.

L'hiver 2020 était arrivé et j'étais enthousiaste à l'idée de créer une nouvelle collection pour *Fayola, mon entreprise de maillot de bain*. C'est une ligne de maillots de bain destinée aux femmes qui acceptent et assument leur corps. Malheureusement, je n'étais pas consciente de ce que je me préparais à voir à travers la lentille de mes ambitions. Pour dissimuler certaines choses, voyager avait toujours été ma façon d'échapper à la réalité. J'avais l'habitude de réserver des voyages de manière spontanée, comme les événements qui entraient et sortaient de ma vie.

J'avais constamment l'impression d'être dans un rêve ou un cauchemar. Cela explique le mieux comment j'ai pu passer sept ans avec quelqu'un pour qui je n'avais aucune passion. Je dormais et avec le temps je réalisais que le réveil pouvait être brutal si je n'étais pas attentive.

Par ailleurs, je me suis retrouvée enfermée dans un appartement avec un homme dont je n'étais pas amoureuse. Je me retrouvais avec son ego, ses insécurités et ses peurs. Il n'y avait plus assez d'espace pour que nous puissions coexister.

Non seulement je dormais sur mon couple, mais aussi sur mes liens familiaux et sur la substance qui liaient certaines de mes relations amicales. La vérité est que la vie devait me mettre sur pause afin que je puisse être reconnectée avec moi-même.

La pandémie fut un test pour tous. Certaines entreprises ont fermé, certains employés ont perdu leur emploi du jour au lendemain. D'autres ont perdu leur maison, leur voiture, et les personnes qu'ils aimaient. D'un autre côté, certaines entreprises multipliaient leurs revenus. Ces gens ont voyagé, acheté de nouvelles propriétés, et se sont créé de nouveaux contacts.

Cette nouvelle ère nous obligea à ajuster notre mode de vie afin de passer à travers cette période. C'était tout un challenge!

Pendant le début de la première vague, nous avions eu un confinement strict pendant quelques mois. Et ensuite, ils ont décidé d'alléger les conditions. J'avais très hâte de pouvoir voir ma mère, sortir avec mes amies, faire des activités et surtout voyager.

La dynamique était très tendue depuis notre altercation et également après la découverte de ma deuxième vie cachée. Il n'en pouvait plus de voir qu'il n'avait plus de contrôle sur notre relation sans compter le fait qu'il avait perdu son emploi. Pour lui, il était fils de diplomate et c'était nouveau pour lui. Ce n'était pas suffisant. Didier n'avait jamais manqué de rien depuis son arrivée dans ce monde. Pour moi, c'était bien ordinaire. Je me disais que nous avions au moins un toit et un revenu. Ça n'entrait tout simplement pas dans sa tête.

Moi je m'étais habituée à vivre un certain mode de vie. Les voyages par exemple me permettaient de me déconnecter des traumas que j'avais vécus et ça me faisait un grand bien. Contrairement à lui, j'étais une grande dépensière qui n'avait pas peur de dépenser sans limites. Ce n'était pas très sain, mais je n'en étais pas encore consciente jusqu'à cette terrible journée.

Je ne voyais plus Didier comme avant. Je ne savais pas encore que ma mission était plus grande que ce que je croyais. Je fermais les yeux et je continuais à ignorer les signes.

Je croyais que le confinement nous aurait rapprochés, mais bien au contraire elle nous a éloignés. Nous vivions comme des colocataires. Souvent, je passais des heures dans ma chambre ou sur mon téléphone.

Didier pouvait ressentir que je n'éprouvais plus d'affection pour lui. Nous étions froids. Monsieur, souvent seul, commençait à devenir paranoïaque. Il faisait des recherches sur internet au sujet de l'infidélité. Il fouillait dans mon téléphone et me posait mille et une questions au lieu de se concentrer sur lui-même. J'étais accusée de tromperie en permanence. Il voulait tellement avoir le contrôle de tout, car il était celui qui trompait les femmes dans ses anciennes relations. Il était également celui qui quittait ses copines. C'est comme s'il refusait d'accepter que c'était à son tour.

Donc à chaque fois que nous essayions de passer un bon moment à écouter un film, il suffisait d'un simple élément afin de provoquer une dispute.

J'étais fatiguée de parler à un mur ou de faire l'effort de nous trouver des voyages, des activités et à tout faire pendant plusieurs années. Je devais être la fille parfaite à ses yeux. Il me rabaissait et me parlait comme si j'étais son enfant.

Je finis par me détacher de lui, pris mes distances et je faisais mes activités seules ou avec des amis.

Entre-temps, pendant l'été de 2020, je me concentrais sur mon nouveau projet de maillot de bain *Fayola Swimwear*. Ça faisait quelques mois que je venais de démissionner de mon emploi comme agent de voyage chez Sunwing, pour travailler dans un poste plus payant en assurance chez Croix bleue afin d'avoir plus de fonds pour investir dans mon nouveau projet.

Cette année-là, je fis la rencontre d'une femme qui a été l'une de mes meilleures coachs en neuroscience: Amina Kriket. Elle a été une femme remarquable par le partage de ses connaissances sur l'intelligence émotionnelle. Tout ça était très excitant. Elle me fit découvrir des comportements qui mettaient constamment à l'épreuve mes valeurs.

Amina m'aida également à structurer le lancement de ma première collection de maillots de bain. J'organisai un photo-shoot avec mes amies. Je voulais qu'elles se démarquent en tant que mannequins afin qu'elles obtiennent plus de visibilité sur les réseaux sociaux; comme ça tout le monde était gagnant.

La réussite de tous est importante pour moi. C'est ma mission. Lorsque j'ai le pouvoir d'aider au succès, je me sens gagnante. Mais travailler avec les amies n'est pas toujours la bonne chose à faire puisqu'elles ne prennent pas toujours au sérieux la vision. Je ne les blâmais pas par contre, car ce sont des expériences à vivre en tant qu'entrepreneur. C'est tout à fait normal.

Nous avions du retard et les filles ne comprenaient pas trop l'image que je voulais pour ma marque. C'était de la folie. Je n'avais plus assez de temps pour faire le reste des photos et l'inventaire des maillots qui me restaient. Ne mélangez pas amis et business; ça ne fonctionne pas. C'est un petit conseil!

Malgré ces imprévus, j'invitai les filles à célébrer mon tout premier pas pour ma nouvelle collection. C'était devenu une habitude de faire la fête comme si je fuyais quelque chose. Je n'étais pas heureuse dans ma relation et je me questionnais encore. Au lieu de trouver une réponse à tout cela, je sortais pour fêter.

Le 5 septembre au matin, maman me demanda de la rejoindre au Casino. Je réveillai ma fille pour lui proposer, mais elle n'avait pas envie de sortir de son lit. J'étais un peu craintive, car ce matin là, j'avais rêvé que ma fille se noyait dans la baignoire et un ange était sorti d'elle. J'étais dirigée vers un chemin que je n'aurais pas dû prendre, mais rien n'arrive pour rien.

«Chelsea réveille-toi! Ça fait longtemps qu'on n'a pas vu maman. On va avoir du fun.»

Et elle me répondit:

«Ça ne me tente vraiment pas. Je n'ai pas envie de sortir.»

Alors que je continuais d'insister, elle décida de m'accompagner.

Nous nous rendions au Casino. Nous passions un agréable moment avec maman. Elle tenait par la suite à ce que nous rentrions à la maison. Mais vous savez, comme je suis têtue de nature, après le casino, je pris un rendez-vous avec une influenceuse afin d'acheter un de ses produits afin de l'encourager. Pendant mon chemin, je reçus un appel. C'était une ancienne collègue de travail.

« Pat, que fais-tu en ce moment? Il y a une fondation qui organise une fête pique-nique afin de ramasser des fonds pour les enfants. Viens avec Chelsea sera sympa et en plus j'ai une de mes amies qui va être dj . Elle est très bonne.»

J'étais hésitante, mais je n'avais pas le goût de retourner à la maison. En raison de l'atmosphère négative. Chelsea ne voulait pas aller dans l'événement, mais je l'avais une fois de plus convaincue.

La fête avait lieu dans un parc. Il y avait plusieurs groupes de personnes, donc nous étions confuses. Nous cherchions pendant une trentaine de minutes l'événement.

Une trentaine de minutes plus tard, mon amie arriva. Au début, je trouvais les gens très bizarres. Je n'aimais pas l'atmosphère du tout. Nous sommes restées dans un coin pour ne pas nous mélanger aux gens.

La dj était partie deux fois chez elle, car elle avait oublié certaines affaires pour animer la fête. Est-ce que la vie était en train de me montrer des signes? Pourtant, je continuais à essayer de trouver une ambiance. Finalement, lorsqu'elle commença à jouer après être revenue, nous commencions enfin à être plus détendues.

J'y rencontrai certaines personnes que je n'avais pas vues depuis des années. J'avais appelé Didier pour lui demander s'il voulait nous rejoindre, mais il hésitait.

La fête étant terminée, dj Riri nous proposa de continuer

chez elle. Je m'apercevais que nous allions monter dans une voiture qui avait cinq places alors que nous étions six. Ma collègue remarqua mon inquiétude.

«Ce n'est pas plus grave que ça. Nous allons nous serrer et de toute façon nous ne sommes pas trop loin de chez elle.»

J'hésitais encore, mais j'ignorais la petite voix qui me dit de rentrer chez moi avec ma fille.

À 21:00 pm, la route n'était pas trop achalandée étant donné que c'était un secteur résidentiel. Nous roulions dans une zone de 30 km/h.

Mon cœur battait extrêmement vite et je ne comprenais pas pourquoi. Je me souviens d'avoir entendu le cri d'une personne qui provenait de l'intérieur de la voiture:

«Oh Merde!».

Soudainement, une lumière de phare intense qui provenait de ma gauche m'aveugla et en l'espace d'une fraction de seconde, je ressentis un choc d'une violence atroce. J'arrivais même à ressentir notre voiture se déplacer aussi violemment. Mon visage était complètement enfoncé sur le siège en avant de moi.

«Il fait noir, je n'entends rien. Qu'est-ce qui se passe? Oh mon Dieu! Chelsea, tu es où ?»

Je me réveillais tranquillement, mais avec les yeux toujours fermés. Je sentis quelqu'un qui me tira par les bras pour me traîner jusqu'au sol. J'arrivais à sentir la présence de plusieurs individus et il y a beaucoup de mouvements aux alentours.

Je me croyais encore endormie et j'entendais plusieurs voix qui paniquaient. Au moment où je retrouvais mes sens, j'ouvris les yeux, choquée et allongée dans la rue. Je tournais la tête à droite et à gauche afin de tenter de repérer ma fille.

«Oh mon Dieu! Non! Ce n'est pas possible! Chelsea! Chelsea! Chelsea! Ce n'est pas possible! Ce n'est pas possible! Ce n'est pas possible que je perde ma fille comme ça! Réveille-toi! Réveille-toi! Je t'en prie, mon Dieu, ramène moi ma fille! Je t'en prie! Je t'en supplie! Je te promets que j'obéirai. Je t'en supplie! Je t'en prie Seigneur! Chelsea! Chelsea! Pourquoi elle doit mourir comme ça, c'est injuste!»

Elle était sur la banquette arrière de la voiture, inconsciente, le visage ensanglanté. La moitié de son front, jusqu'à la tête, était complètement ouvert.

Elle ne répondait pas. J'essayais de me lever pour aller la prendre et essayer de la réconforter, mais je n'arrivais pas à bouger. Une douleur atroce se manifestait dans le bas de ma hanche. Je n'arrivais pas à atteindre quoi que ce soit. Voir mon enfant en train de mourir devant mes yeux et ne pouvoir rien faire pour la sauver était une torture que je ne souhaiterais jamais à même mon pire ennemi. C'était insoutenable. Certaines personnes du voisinage étaient venues la prendre pour la mettre près de moi.

Je pleurais et je hurlais sans arrêt en répétant sans cesse: «Dieu svp, ça ne peut pas finir comme ça. Dieu, svp réveillez ma fille, je vous en supplie papa.»

En regardant autour de moi, à ma droite, il y a le fils du dj qui s'écroula après avoir enlevé sa mère sur le volant, car une fumée commença à s'échapper de la voiture. Malgré le tibia cassé, les hurlements de douleur de sa mère lui donnèrent une poussée d'adrénaline suffisante pour aller la chercher.

Dj Riri à ma gauche, très souffrante, était allongée sur le sol. Tous les autres passagers également, tous sur le sol, réalisant qu'ils étaient les victimes d'une terrible tragédie.

Les ambulanciers arrivèrent. Nous étions tous souffrants, mais conscients sauf ma fille. Je lui caressai le ventre en pleurant tout en lui demandant de s'accrocher.

«Accroche-toi, je vous en supplie Dieu, après tous ces débuts d'années d'enfance, elle ne l'a pas eu facile. Elle est une battante. Je vous en supplie; réveillez ma fille. Ça ne peut pas se terminer, ainsi. Elle a tout un avenir devant elle, je vais obéir.»

J'avais déjà perdu mon père. Je ne pouvais ma perdre ma fille également.

Quel message la vie essayait de me faire comprendre ce coup-ci? Je dois briser un cycle.

Au bout de dix minutes, j'entendis la petite voix douce de ma fille:

«Manmie, qu'est-ce qui se passe, on est ou?»

En me retournant, je la voyais soudainement essayer d'ouvrir ses yeux, mais elle avait beaucoup trop de sang sur son visage qui était extrêmement gonflé. Je pleurais de joie et de tristesse en même temps.

Je m'exclamai en dirigeant mon visage vers le ciel:

«Merci, Papa, Seigneur, mon Dieu, L'éternel. Vous avez entendu mes prières.»

Les ambulanciers nous transportèrent tous à l'hôpital. Bien que ma fille était réveillée, je n'arrêtais pas de pleurer et de revoir le scénario du début de ma journée. Je me sens terriblement coupable, car je n'avais pas écouté et lu entre les lignes de ce qui était mon avertissement.

Je me souvenais du drôle de rêve que j'avais fait ce matin-là et je sentais que quelque chose allait se passer, mais j'avais décidé d'ignorer en me disant que ce n'était rien.

L'ambulancière appela Didier pour lui annoncer la nouvelle, car j'étais trop en état de choc.

Donc lorsque j'arrivai à l'hôpital. On me mit dans une chambre séparée de ma fille et j'expliquai au médecin que je n'arrivais pas à bouger.

Je passai une radiographie afin que les médecins puissent voir ce qui se passait au niveau de mon bassin et c'est à ce moment, quelques heures plus tard, que le médecin m'annonça que mon bassin était fracturé. C'était l'*acetabulum*. C'est une partie qui se trouve entre la hanche et le bassin. Entre-temps, je demandai à Didier de prendre une photo de ma fille. Je vis son visage abîmé et me sentais extrêmement triste de ne pas pouvoir être à ses côtés pour pouvoir la réconforter. Je n'arrêtais pas de pleurer.

Son diagnostic était une fracture à la joue, un muscle du front fendu et une dent cassée. Je paniquais encore plus.

Finalement, les médecins m'annoncèrent que je n'avais

pas besoin d'être opérée. Je devais rester à l'hôpital pour quelques jours afin de faire des examens et de la physiothérapie.

Le lendemain matin, ma fille arriva en fauteuil roulant avec Didier et je la regardais le cœur en miettes. Je me sentais encore coupable.

Après ces événements, je me sentais à nouveau emprisonnée dans mon propre corps. J'avais de fortes douleurs, mais elles étaient également mentales. Je n'arrêtais de penser à l'horrible accident et j'avais des visions du visage de ma fille tuméfié. Le pire arriva au même moment: mes périodes se déclenchèrent.

Le préposé de nuit était un homme et il devait me changer de serviette hygiénique. Je me suis mis à pleurer. J'étais inconfortable.

Le soir, j'étais un peu craintive, car les deux patients qui partageaient ma chambre étaient deux hommes. L'un deux était très agressif, car il souffrait énormément et l'autre n'arrêtait pas de faire des selles. Une vraie catastrophe, mais j'essayais de me distraire. J'annonçais sur les réseaux sociaux ma présence à l'hôpital et je partageais l'histoire qui venait d'arriver. Ça me donnait du courage.

Même après plus de dix ans, mon oncle me contacta par les réseaux sociaux. Ma famille paternelle était affolée, mais mon cousin et mes cousines étaient les seuls à venir me voir.

Je ne comprenais toujours pas pourquoi tout ça devait m'arriver. Derrière tous ces questionnements, je savais que j'avais une leçon à apprendre de cette tragique expérience. Mais je ne savais toujours pas quoi.

L'avant-dernier soir avant mon congé à l'hôpital, un homme entra dans ma chambre de façon très discrète. Il portait un long chapelet autour du cou et était vêtu d'une soutane. J'étais surprise, car mystérieusement, à l'étage où je me trouvais, il y avait une chapelle juste à côté de ma chambre.

Le patient agressif s'écria:

«Vous êtes qui vous!»

Le prête répondit:

«Je viens prier pour les gens malades»

«Je ne suis pas intéressée»

Je me précipitai à répondre:

«Moi je veux que vous priiez pour moi!»

Le prête, radieux, commença sa prière.

Je ne me sentais plus seule tout d'un coup et j'arrivais à dormir un peu.

La nuit suivante, l'une des préposées avait commencé à me faire de la conversation afin de me détendre. Elle m'apporta le récipient afin que je puisse uriner.

«Qu'est-ce qui t'est arrivé pour ne pas marcher, tu es si jeune?»

Je lui répondis:

«J'ai eu un accident de voiture grave avec ma fille ainsi que d'autres passagers. Nous avons frôlé la mort.»

«Oh mon Dieu! Ce n'est pas surprenant, car septembre

est le mois où commencent les catastrophes, car la fin de l'année approche. Si les gens savaient que la fin de l'année ce n'est pas décembre, mais plutôt

septembre, ils seraient plus prudents. Pendant cette période, il y a énormément d'accidents de voiture et les gens perdent la vie. Vous êtes vraiment tous bénis d'être en vie. Je vais prier pour vous!»

Je baissai la tête. Ça me faisait du bien et en même temps ça me remettait en question encore une fois. Chelsea m'appela en FaceTime et j'étais encore sous le choc à la vue de son visage enflé. Je n'arrivais même pas à la regarder tellement j'avais de la peine. En même temps, j'étais très reconnaissante d'apprendre que personne n'avait péri.

L'hôpital voulait me transférer dans un établissement de réadaptation puisque je n'étais pas encore autonome. Maman qui était très paranoïaque en raison du virus avait fait que ses petites recherches et avait découvert que l'endroit était insalubre.Elle refusait que j'aille dans cet établissement et préférait s'occuper de moi avec l'aide de Didier. L'hôpital accepta.

Je pouvais enfin entrer à la maison auprès de ma fille. Jamais je n'aurais pensé que j'allais enfin connaître  la vraie Patricia. Ma vulnérabilité allait me tester pendant les 24 mois de ma vie.

J'étais contente de retourner à la maison et de voir Chelsea, ma mère, ma sœur, la fille de Didier et Didier. Ça n'avait pas pris de temps pour que   mes démons viennent me hanter de nouveau.

Je sortis de la toilette et je vis ma fille en crise de panique, pleurant de rage. C'était tellement triste à voir, car ses points de suture, et ses fractures étaient encore frais.

Je lui demandai ce qui se passait.

La copine de son papa m'insultait, car elle ne voulait pas rentrer en contact avec son père.

J'étais d'une rage folle, mais je n'étais pas en pouvoir de faire quoi que ce soit. Je ne devais que laisser la vie agir en conséquence.

Nous recevions des visites. Maman et Didier n'étaient pas trop contents. Ils voulaient que nous prenions du repos. Mais moi ça me fait du bien de voir les gens. Lorsque je voyais que Chelsea n'avait pas du tout la tête à ça, je comprenais.

Didier était un peu froid. Il était fatigué de s'occuper de ma fille et moi, donc il décida d'aller dans un bar et se saouler. Le problème c'est que je ne pouvais pas me mettre seule donc c'est ma fille malgré sa condition qui m'y aida.

Il rentra très saoul et commença une dispute dans la chambre où je dormais avec ma fille. Je ne comprenais pas son comportement. C'est comme s'il prenait plaisir à me voir vulnérable.

Je le suppliais d'arrêter, car j'avais très mal, mais il continuait. Ma fille pleurait. Ses fractures lui faisaient mal. Didier n'entendait absolument rien et continuait à faire le con.

Mes nuits étaient terribles et je faisais des cauchemars. J'ouvrais le tiroir de mes événements passés de ma vie.

Dans mes rêves, la scène du visage ensanglanté de Chelsea n'arrêtait pas d'apparaître et je voyais un homme me capturer et m'enfermer dans le noir. Lorsque j'ouvris une porte, je vis dans un bol jaune un liquide blanc.

Mes traumatismes revenaient.

Je me réveillais avec des sueurs froides. Je criais et je pleurais. J'étais dans tous mes états. Didier essayait de me calmer, mais n'arrivait pas à me comprendre. Je commençais à réfléchir sur les nouvelles actions que je devais entreprendre pour m'enlever la vie. J'en avais assez. Je passais des nuits sans dormir et la petite voix recommençait à me dire que je ne valais rien. Elle m'accusait maintenant de ne pas avoir protégé ma fille.

Mon angoisse me mettait dans une position de combat et les seules fois où j'étais capable de me voir en vie c'était quand je portais attention à ma fille. Je savais qu'elle avait besoin de moi, malgré mes combats. Certaines amies s'éloignaient de moi. Ils n'arrivaient pas à comprendre mon comportement. En raison de ma condition de santé physique, je ne pouvais plus faire les mêmes choses pendant une période et certaines amies avaient perdu leur intérêt. Mais qu'est-ce qu'elles ne comprenaient pas?

Je consultais plusieurs spécialistes pour ma santé mentale et physique. Ce n'est pas évident de les voir tous dans la même semaine. J'avais une psychologue, une ergothérapeute, un physiothérapeute, une neuropsychologue, une psychoéducatrice, un psychiatre et un orthopédiste qui me donnaient tous leurs recommandations. Parfois, je perdais le contrôle, mais je restais toujours respectueuse. Je pouvais me laisser emporter.

Ma première consultation avec une psychologue s'est faite par vidéoconférence. Tout le monde travaillait de la maison en raison de la pandémie. En écoutant mes cauchemars, elle creusait pour avoir plus de détails sur mon parcours de vie et mon enfance. Alors pendant la séance, la psy me posa une question qui était venue me remettre en question. Vous savez, la santé mentale n'est pas souvent traitée, car nous croyons que nous pouvons tout surmonter sans jamais perdre la tête. Mais c'est bien là qu'on fait erreur, au contraire. Nous apprenons à cacher notre souffrance par peur de montrer notre vulnérabilité.

Elle me demanda:

« Patricia, après tout ce que tu viens de traverser dans ta vie, as-tu déjà consulté et si oui, ça remonte à quand?»

«Oui, une fois, à mes 13 ans. Quelques années après avoir annoncé à maman ce que son ex-copain m'avait fait subir. J'ai eu une séance, une seule fois. Elle avait duré 1 heure.»

Elle était bouche bée, elle n'en revient pas.

«Comment as-tu fais pour passer à travers l'abus sexuel, la violence conjugale, l'abandon de ta famille paternelle, les déplacements d'un pays à un autre, la grossesse à un jeune âge, les quatre tentatives de suicide et j'en passe sans consulter. Tu as 36 ans aujourd'hui, c'est incroyable!»

Je commençais à réfléchir et à me poser la question. Je réfléchissais également à la raison de ma présence sur terre.

Les séances devenaient plus difficiles, car elle m'aidait à déverrouiller des portes que je ne désirais pas franchir. Je n'arrivais plus à dormir et je passais des heures enfermée dans ma chambre à repasser le film de ma vie. Je m'isolais et me méfiais de tout le monde. Les gens étaient devenus plus égoïstes avec cette pandémie. Didier en profitait parfois pour me faire chier dans ce moment de ma vie où j'étais le plus vulnérable par pure vengeance. Il était resté amer suite à la découverte de mon infidélité et il rendait ma convalescence encore plus difficile à gérer.

J'avais peur de m'endormir, car je craignais de revoir les scènes de l'accident et tous les autres horribles événements. J'étais perdue et épuisée. Hélas, la seule solution que je réussissais à envisager était encore de m'enlever la vie. Cette fois-ci, j'hésitais entre avaler mes antidépresseurs ou me passer la une corde au cou. Je me disais que ça ne devait pas être pénible.

«Merde, Chelsea, je ne peux pas l'abandonner. Elle ne pourra pas vivre sans moi. Je suis son souffle de vie, sa source d'inspiration et son héroïne. Je suis le maillon de ma famille; si je pars, ça va être difficile pour ma maman. Comment fera-t-elle pour gérer tout ça?»

Je devais en parler lors de ma prochaine rencontre afin d'éviter de me faire du mal.

Comme à chaque réunion, ma psychologue m'interrogeait pour évaluer mon état de san

té mental. C'est alors que je décidai de baisser mes gardes et d'arrêter d'être forte. Je croyais encore être capable de gérer seule ce qui m'arrivait.

Je finis enfin par craquer:

«Madame, je n'arrive plus à dormir. Les démons viennent hanter mes pensées. Ils sont constamment présents, dans ma tête. Pour qu'ils me quittent, je ressens parfois le besoin de mourir. Je ne sais plus quoi faire pour arrêter tout ça. Je veux juste dormir.»

C'est alors qu'elle me recommanda d'écrire tout ce qui me passe par la tête afin de canaliser le fil de ces événements.»

«Écrivez Patricia, tout ce qui se passe dans votre tête. Ça vous aidera à guérir et à vous reconnecter avec vous-même. Vous êtes une femme extraordinaire et vous n'êtes pas passé par toutes ces batailles et réussites pour arrêter maintenant. Cherchez votre épanouissement, cette lumière qui habite en vous. Ne t'abandonne pas Patricia.»

Jamais je n'aurais imaginé que ma vulnérabilité m'aurait poussé à créer l'un de plus grand projet de ma vie. Ainsi débuta le projet que vous lisez à l'instant. Écrire et revivre mon histoire a effectivement été une réelle guérison, bien que difficile.

Je prenais plaisir à écouter ma musique de nouveau. Je pensais aux plus belles années de mon adolescence, en 1990 et à ma transition entre le Canada et les États-Unis. J'avais également vécu de merveilleux moments.

Entre-temps, je prenais toujours du recul, car je m'entêtais à ne pas passer au travers de certains horribles événements.

Je m'ennuyais. Cela faisait maintenant un mois que j'étais en arrêt de travail et je devais rester allongée pour encore deux autres mois si je suivais les recommandations de mon orthopédiste. Et j'avais une longue liste de choses à faire. On me proposa la méditation, les exercices de respiration et d'autres suggestions afin que je puisse me reconnecter avec moi-même. C'était une belle liste et je me disais que le temps était long alors aussi bien d'en tirer le maximum.

Je repris mes séances de coaching en neuroscience avec Amina qui m'aida à développer mon intelligence émotionnelle et mon leadership pour mes projets d'affaires. Ma foi grandissait et je devenais illuminée et authentique. Je faisais attention à mon environnement.

Certaines personnes de mon entourage me trouvaient étrange. Je ressentais mieux l'énergie autour de moi ainsi que la puissance de la nature et de l'univers.

Je renaissais et je voyais ma vie plus clairement. J'étais en train de réaliser que mon couple ne s'en allait plus nulle part. Il est parfois très difficile de s'avouer que l'on s'accroche à un bateau qui coule et qu'il ne peut être sauvé. C'était probablement la peur d'être seule et de tout recommencer. Elle nous pousse à rester avec un partenaire qui ne nous convient pas.

Nous nous battons alors pour faire fonctionner une relation vouée à l'échec. Avec un tel comportement, nous finissons par nous détruire. Il est bien de recommencer à zéro. Cela nous permettra de nous fortifier.

J'ai appris à découvrir ma raison d'exister et à reconnaître que chaque épreuve de la vie amène à une réussite. C'est tout comme jouer à des jeux vidéos de combat. On vous met un adversaire, au début c'est difficile et on perd, mais on essaie d'autres techniques afin de réussir le challenge. Une fois que nous en avons trouvé une, l'adversaire peut enfin être conquis. Nous sommes et pouvons dorénavant passer à l'autre niveau. C'est ça la vie. Il faut savoir comment répondre aux challenges pour gagner les combats et enfin passer au suivant. Je recommençai à travailler sur mes projets et je lançais maintenant ma boutique en ligne un mois après mon accident de voiture. La douleur peut faire apparaître des bénédictions à travers les mauvais moments. Ils se transforment en choses positives. C'est ainsi que l'on peut avoir de la gratitude envers la vie.

Je devais encore m'entraîner à terminer les combats et dans tout ça, je devais gérer les crises d'angoisse de ma fille. La tension était très lourde dans la maison. Didier qui avait ses propres combats apportait plus de stress dans la maison.

Alors un jour, Chelsea partit de la maison. Elle n'en pouvait plus de cette énergie. Elle ne se sentait pas en sécurité et était en manque d'amour paternel. Mon anxiété partait également de plus belle. C'était difficile pour une maman de s'apercevoir que sa fréquentation est très toxique. Le copain de ma fille, à l'époque, avait essayé de la poignarder dans le passé lorsqu'elle avait 14 ans. Je me sentais mal, car j'avais l'impression que sa vie était à l'image de la mienne. Tout me retombait sur les épaules.

Sa convalescence ne se passa pas bien du tout. Elle avait aussi ses épreuves. Elle se faisait intimider, rabaisser, abuser et menacer par son copain. Lorsqu'elle était petite fille, elle ne s'exprimait pas beaucoup et elle gardait tout à l'intérieur. Chelsea avait pris l'habitude de ne pas rentrer à la maison pendant une semaine. C'est arrivé à plusieurs reprises.

Les tensions s'accumulaient entre elle et moi en plus de souffrir toutes les deux d'un traumatisme crânien. C'était égalent important que son père soit présent pour lui donner de l'amour, car malheureusement elle allait le chercher ailleurs.

J'étais prise entre mon copain et ma fille. Nous étions extrêmement colériques et agressives. Je n'avais plus d'inspiration pour avancer dans mes projets et mes démons continuaient à me hanter.

Cette voix était encore repartie. Elle essayait de me pousser à abandonner. Je devais ainsi choisir en vivre ou en mourir. Mais ma lumière m'habitait encore. Elle ne s'était pas éteinte. Je n'étais pas dans le noir total.

Je me réveillais à nouveau et je me rappelais qu'un soir, le 5 septembre 2020, nous avions été sauvés. Une autre voix me parlait et me rappelait que j'étais un chef-d'œuvre. Celle-ci ne me poussait pas à me faire du mal. Elle me rappelait aussi que je comptais et que j'avais une mission sur terre.

Nous avons besoin des autres pour nous aider à nous élever, mais nous avons surtout besoin de notre lumière pour guérir et affronter les épreuves. Je réalisais que j'étais unique et extraordinaire. Je voulais être cette femme, cette guerrière qui gagnait tous ses combats.

Toutefois, plus je me rapprochais de la réalité, plus je me sentais étouffée et je n'étais pas moi-même. Je décidai pour de bon de me séparer après presque dix ans de relation. Je désirais être seule. La séparation ne s'est pas passée en douceur comme je le croyais. Didier et moi avions convenu que je devais rester dans l'appartement et qu'il devait partir. Mais ce n'était pas si simple. Nous devions essayer de tenir le coup et de cohabiter paisiblement jusqu'à son départ. Il ne trouvait pas d'endroit qui lui convient. La tension ne s'améliorait pas. Je l'insultais, il m'insultait; c'était terrible. Je sortais pour éviter toutes ces disputes. Ça ne lui faisait pas plaisir, car malgré tout, il lui restait encore un peu d'amour pour moi. Son langage était différent.

Lorsqu'il sortit, cela ne me faisait pas plaisir, car je ne pouvais pas accepter la réalité. J'avais forcé une relation qui n'était pas basée sur mes valeurs. Mais c'était la bonne décision. Je venais de trouver le dernier morceau du casse-tête.

Un mois avant son départ, une discussion éclata entre lui et moi. Il impliquait Chelsea et commençait à l'insulter sans raison. Je voyais la tristesse et la honte dans les yeux de ma fille et c'est ce qu'il fallait pour me persuader. Cette relation n'irait jamais nulle part, peu importe les discussions que nous allions avoir. Le lendemain, je l'ordonnai de partir, car c'était mon devoir de la protéger et de m'assurer qu'on lui donne son respect. Après son départ, je me remis en question. J'étais complètement à l'envers. Je me demandais encore si après dix ans de relation, c'était la bonne décision à prendre. J'essayais quand même de continue à vivre et à m'habituer au changement.

Après quelques semaines, j'apprenais une nouvelle particulière; la plus grande trahison venant de ma famille paternelle. Ils avaient accès à une terre que mon grand-père avait laissée après la mort de mon papa. C'était probablement afin que je puisse recevoir une partie de son héritage et être bien financièrement. Il savait que papa ne pouvait pas être présent dans ma vie.

J'étais complètement déboussolée. J'aurais évité tellement de choses avec cette somme. Comment avaient-ils pu me faire ça?

Mes idées suicidaires revenaient. Cette bataille allait-elle cesser un jour? Je n'arrivais pas à me concentrer et garder l'accent sur mes projets. Ma santé mentale n'était pas au top et les ventes ne se faisaient plus. Les factures s'accumulaient et ma fille avait perdu sa job, car son traumatisme crânien la ralentissait.

J'avais l'aide de mes coachs qui ne me lâchaient pas, car

ils voyaient le potentiel que j'avais. Je continuais donc à écrire. Je me rappelais que j'étais une artiste.

Après toutes mes réflexions, j'avais enfin compris. Je devais reprendre le contrôle de ma vie. Je décidai de quitter mon appartement, car il conservait trop de souvenirs avec Didier. J'avais besoin de changer d'environnement. J'avais besoin d'un nouveau départ. Lorsque je déménageais, je recommençais à neuf. J'étais en paix.

Je redécouvris mon énergie féminine et je commençais à m'aligner à ma mission. Je savais maintenant ce que je voulais. Je prenais pleinement conscience de la femme qui avait toujours vécu en moi. Je brillais enfin.

Le décès de papa avait créé un manque d'amour paternel et il n'était pas présent pour me protéger, mais maman m'a donné la force de ne pas me faire marcher sur les pieds. Elle a été mon exemple de femme de caractère.

Être exposée au monde en évolution rapide m'avait permis d'être consciente du danger et d'être prête à survivre même dans les situations les plus dangereuses. Cela m'avait aussi permis de prendre des responsabilités dès mon plus jeune âge et de devenir mère avant tout. Vivre dans un monde de classe supérieure me permettait d'éviter d'être influencée par les biens matériels. Tandis que vivre dans la pauvreté et apprendre à surmonter les obstacles m'aidaient à foncer et à développer mes compétences entrepreneuriales. Je sais aujourd'hui que je suis une reine qui ne porte pas sa couronne sur sa tête, mais plutôt dans son âme. Je peux voir toutes les couleurs de l'arc-en-ciel. La vie fait balancer toutes ces couleurs. Il suffit d'apprendre à les utiliser.

C'est une énergie qui existe en chacun de nous. Nous pouvons tous y accéder. Ne laisse pas la société te faire oublier qui tu en cours de route. Tout le monde possède sa lumière. N'aie pas honte de toi, car tu ne te respecteras pas. Donne-toi toujours du respect, peu importe ta situation. Rien n'est parfait dans la vie. Nos ancêtres sont également passés par toutes sortes d'épreuves. Nous pouvons encore aujourd'hui nous rappeler leurs remarquables exploits. Tu devras te battre comme un lion. Accepte ta lumière. Elle est puissante et elle te fera briller.

N'oublie pas que ce n'est pas parce qu'une personne a fait l'acquisition d'une nouvelle maison que tu devras aller chercher la même chose. Ne te marie pas avec quelqu'un que tu n'aimes pas réellement tout simplement parce que tu crois que c'est la meilleure chose à faire. Ne t'engage pas à tout prix. Fais ce qui est bien pour toi et sois le plus authentique possible. Tu dois vivre ta propre vie.

Embrasse tes douleurs et pleure. Exprime ta rage et ta colère de manière saine et ne fais pas de mal aux autres. Ne laisse pas la société te limiter et surtout, apprends à gérer tes émotions.

Ne laisse pas tes croyances et tes douleurs t'empêcher de recevoir tes bénédictions. Lâche prise par moment et dis-toi que la honte et la colère sont des choses normales. Tu es un soldat et tu devras apprendre à te battre afin de gagner ta liberté.

Si tu lis les dernières lignes de mon livre, c'est que j'ai accompli une partie de ma mission. Voilà, c'est ma vie et je l'accepte avec toute humilité. Mais attention, ce livre n'est que la première partie. Je viens de débuter ma meilleure vie.

Commence la tienne!

J'ai ouvert les pages de mon histoire afin de te permettre de les lire. Je suis celle qui a déplacé des montagnes; celle qui se sent plus forte. Je me suis transformée en phœnix. On m'a brisée plusieurs fois, mais je me suis endurcie pour enfin devenir indestructible.

Je suis Patricia Rebirth.

# À Propos De l'Auteure

Patricia Rebirth est une écrivaine, mère, entrepreneure et PDG de *Fayola Swimwear Collection* au Québec, Canada. Elle fait de la sensibilisation à la découverte de soi, de la passion, des intérêts et de la réalisation de soi. Elle est sensible aux causes humanitaires, dévouée pour la philanthropie, la mode, la musique, le cinéma et est une grande influence pour sa fille. Elle consacre plusieurs milliers de dollars par an à sa propre intelligence émotionnelle, afin d'étendre ses connaissances, son réseau et son inspiration pour continuer à construire le mouvement *Bold and Dare*.

Bien que ses enseignements puissent aider et inspirer tout le monde, Patricia croit qu'elle est vraiment la voix des femmes brisées.

Sa mission est d'inspirer davantage ces femmes qui ont traversé des périodes difficiles dans leur vie; celles à qui l'on a dit qu'elles n'arriveraient à rien; celles qui ont été exclues; celles qui sont découragées, confuses, incertaines. Elle désire leur montrer qu'elles peuvent aussi se permettre de réaliser pleinement leur potentiel personnel, d'avoir une vie épanouie et d'aider à inspirer d'autres femmes dans cette société.